墨菲心想事成法則

墨菲博士潛意識開發密碼

宇宙心靈
成功法則

約瑟夫‧墨菲 著

U0098361

尋找宇宙心靈的定律

　　清晨，當你睜開眼時，你是否想過：人活著是一件多麼美妙的事情！又是一個愉快的早晨！我從未感到如此開心！我相信今天會一定是個美好的一天。

　　一個積極思考者，他不會讓負面的想法停留在腦海裡，他會刻意地讓自己保持心情愉悅。你期望快樂，便會找到快樂。你尋找什麼，便會發現什麼。這是人生的「宇宙心靈」。

前 | 言　FOREWORD

你是否相信有超乎人類經驗的世界存在？

你是否相信人與人之間，在內心深處緊密相連？

你是否相信人在內心最深層的地方，與宇宙的生命力有著連帶的關係？

不管你相不相信，上述的內容都是毫無疑問的事實。要怎樣說明，你才會相信呢？說明方式，因人、因時代而異。有人以宗教的立場，說那是「上帝」或「佛」；也有人純粹以科學的觀點，想要努力闡明這種事象。

不過，一般說來，從科學方面來研究心靈科學，通常有一定的限度。因為當心靈與宇宙法則發揮作用時，經常會產生難以預測的現象。比方說，個人的信念發生效用的結果，有時會在剎那間治癒長年累月所罹患的風濕病。

這在宗教上，我們就稱之為——「奇蹟」。

現在，你只要閱讀本書，應該就可以充分地了解，奇蹟是根據「心靈和宇宙的法則」而產生的。

可是，這種現象很難在嚴格控制的實驗環境之下予以重現。因

為奇蹟是屬於心靈科學的範疇，光是從外觀的表現，無法預測它何時會發生？而且，奇蹟出現的方式也是五花八門，不一而足。以與一般意見相反的論點來講，這個事先不可能預測到的層面，可以說就是讓奇蹟之所以成為奇蹟的原因。

從自然科學的立場來講，這種無法重現的現象，可能很難以法則稱呼它。因為，一般認為科學的法則，在同一條件之下，需要具有可以重現的性質。雖說如此，奇蹟這種現象也不能說是不存在。不！這樣說還不對。應該說，奇蹟是儼然存在的事實。

比方說，諾貝爾生理學・醫學獎的得獎人亞雷西斯・加雷爾博士（Alexis Carrel）曾就魯魯德的奇蹟（魯魯德是位於法國南部庇里牛斯山山麓的小鎮。據說，十九世紀時，在這裡曾發生聖母瑪麗亞顯靈的奇蹟。山麓的泉水被認為具有治癒疾病的不可思議的力量），表達如下的看法：

認為從生理學的法則看，奇蹟不可能存在，這還是大部分生理學家和醫生所持的態度。但是，從我過去五十年來的研究事實加以考慮，我無法贊同這種態度。肺結核、寒性膿瘍、骨折、化膿的傷口，還有癌症等頑症，幾乎都能立時治癒。

這件事實深具意義，它表明了現實中存在著心理的作用與肉體的作用之間，具有在本質上「尚未釐清」的關係。這是人類所開拓的新世界。

加雷爾博士對人類科學的侷限性與困難之處也大表感嘆。他指出：「人類不太適合作為科學觀察的對象。我們幾乎不可能將作為觀察對象的人類，置於幾近可以滿意的條件之下，驗證某項實驗的結果。」既然無法成為自然科學客觀的觀察對象，那麼，在現實生活中，這種心靈和宇宙的科學不就可以說是毫無意義可言了嗎？

事實上並非如此。因為只要你能正確的理解心靈和宇宙的科學，而且加以實踐，你也能夠創造奇蹟。縱使不能作為自然科學的觀察對象，也無礙於奇蹟的創造。

奇蹟並不限於治癒疾病。比方說，如果希望考上理想的學校，或是與心目中的理想情人邂逅、讓自己的家庭美滿，都可以應用這個法則創造奇蹟。如果能讓「心靈和宇宙的生命力」覺醒，反覆累積平常無法想像的「偶然」，就一定可以實現豐裕的物質生活。比如：成家立業；飛黃騰達；經商成功；成為最偉大的推銷員，活躍

於商場上。

　　那麼，要怎樣才能讓你自己也可能創造出這種奇蹟呢？方法是運用存在於你心中的「宇宙心靈」這個無限的活力。可是，不管做什麼事都有訣竅。若想隨心所欲地運用宇宙無限的生命力，必須稍微經過一番訓練才行。

　　雖說如此，這種訓練也沒有什麼特別困難之處。請大家熟讀本書，只要充分理解書中的內容，同時加以實踐即可。這樣一來，你的人生航路在不知不覺之中就會改變，而在某一天突然發現自己的生活，竟然照自己過去所描繪的情景般展現出來。

　　本書處處可見約瑟夫・墨菲博士的理論和實踐的技巧。墨菲博士是研究心靈與宇宙生命力，在世界上穩坐第一把交椅的學者。

　　約瑟夫・墨菲博士的著作，在全世界都可以買得到。書中的內容大多是墨菲博士自己親身體驗的奇蹟，以及閱讀墨菲博士的著作、聆聽了他的演講，從而接觸到奇蹟的人們的一些著實令人驚異不已的插曲。

　　墨菲博士以牧師的身分度過了大半生。因此，在他的原著中，充斥著非基督徒比較不熟悉的聖經中的插曲和上帝的話語。

　　然而，墨菲博士所述說的成功理論，亦即「墨菲成功法則」，正如博士自己所極力主張的那樣，是宇宙普遍的法則，也是有事實根據的經驗科學。

　　因此，就算並非信奉基督教，任何人還是都可以實踐「墨菲成功法則」，實現自己的願望。本書去除了原著中有關基督教的教義，只敘述墨菲博士的成功理論和實踐技巧。以淺顯易懂的方式，解說「墨菲成功法則」的精華。另外，也收錄了最新的大腦生理學的研究成果，並介紹其具體的實踐方法。

　　當你拿到本書，你的人生將會出現一大轉機，同時也找到了打開宇宙心靈的門扉。

　　「宇宙心靈」就是通往成功的捷徑，請大家反覆閱讀本書，並且實踐書中所述的技巧。若真能做到這一點，你將會度過一個——你現在所想像不到的璀璨人生！

CONTENTS 目 錄

Chapter 3 · 潛意識不可思議的力量
——用科學方法能夠闡明的潛意識

1

宇宙心靈與「墨菲成功法則」

——墨菲博士一生的傳奇

　　成功對任何人來講，都是存在的。為了獲得成功，真正需要的是，將正確的希望和堅定的信心，深深地烙在潛意識之中。

所謂「墨菲成功法則」

你內心真的想要完成某件事嗎？

你希望獲得成功嗎？

你想獲得幸福嗎？

如果你沒有這些願望，你現在應該馬上擁抱它！

因為人類的生命就像植物一樣，總會要不斷地成長，就像我們是為了獲得成功，才降生在世界上。千萬不要忘記，成長與發展乃是宇宙的法則。

其次，要是你擁有明確而清晰的願望，那麼，你的願望是具有建設性的嗎？所謂的「建設性」，是對自己生命的成長和提昇有所貢獻。

比方說，考上好學校、與漂亮的美眉邂逅、事業順利無比、擁有自己的房子、在比賽中獲勝、成為同行中的佼佼者……等等。就是富有「建設性」的願望。

另外，疾病痊癒，脫離自卑感，克服憂慮，從絕望與悲傷中重新站立起來，戒菸成功，運動身材變得很棒等等，也可以稱作是

「建設性」的願望。

　　「建設性」的另一個含意就是——你的願望不是建立在他人的犧牲之上，不能危害到他人的利益為原則。

　　「只要自己過得好，不管他人的死活。」——這種自私的想法是不好的，早已經成為社會公認的常識。不過，實現自己的願望和獲得幸福，從某種意義上來看，也是基於利己的觀念而來。

　　如果你擁有建設性的願望，而且衷心想要加以實現，你的願望一定可以實現。縱使你的願望看來很難實現，你的夢想也一定能夠達成的。

　　「衷心盼望的事，必然會實現。」這與萬有引力的定律相同，是普遍而毫無例外的法則。不過，這個法則存在著一個條件，那就是——必須在你的潛意識中想像著願望實現的情景；亦即把想像銘刻在「潛意識」裡。所謂「潛意識」，就是我們平常意識不到的另一個內在空間。

　　但是，為什麼必須把想像銘刻於潛意識裡呢？

　　關於這一點，有兩個理由。

1 · 可以把我們各種潛在的腦力，為實現願望而全部動員起來

在本書中所詳細描述的人的腦力，不管是知覺能力或記憶能力，都比我們平常所想像的還要優異。願望的實現，端賴如何巧妙且靈活地運用這種潛在的腦力？

我們的內心和身體會在不自覺中，完全受到潛意識的支配。因此，把願望烙在潛意識之後，潛意識就會將我們的潛在腦力發揮到百分之百的程度。

2 · 透過潛意識，靈活運用「宇宙的生命力」

潛意識就是我們平常意識不到的內在深層空間，與位於更深層的「宇宙心靈」相通。而「宇宙心靈」是展開宇宙萬有的根源，具有產生所有一切的無限力量。能夠活用「宇宙生命力」的人，他的一生就沒有不可能的事。

潛意識本身並不會判斷善惡。換句話說，「心裡所想的事，不管是善是惡，都會全部予以具體化。」

世上並沒有所謂「偶然」。你所邂逅的人，所處的環境和自身的健康狀態，都是你平常心中所思、所想、所期待的反映。

所以，請你在平常就要讓建設性的願望佔滿心中。這樣一來，

你的生活將轉為更積極，也因此煥然一新，越來越充實！

上述的內容是「墨菲成功法則」的精華。已經精通「墨非成功法則」之人，將會產生戲劇性的變化——那種變化僅能以「奇蹟」兩個字來形容它。

「宇宙心靈成功法則」在美國掀起狂熱風潮

全世界各地有不計其數的人都精通「宇宙心靈成功法則」，其中人數最多的當然是在墨菲生長的美國。

墨菲博士長年在洛杉磯市的大劇場，每週大約向一千五百名聽眾，講述「宇宙心靈成功法則」。許多直接聽過墨菲博士演講的人，在實際運用之後，自己的境遇因而獲得了戲劇性的改變。

墨菲博士在每週結束演講時，一定會有人到他的跟前致謝。

除此之外，墨菲博士每天也在廣播電台，向廣大的群眾講述「宇宙心靈成功法則」；他還經常上電視節目。另外，參加過墨菲博士所舉辦的「宇宙心靈成功法則」研習會的人士，總計超過百萬人以上。

　　可是，對「宇宙心靈成功理論」的普及貢獻最大的，還是墨菲博士自己所撰述，數量龐大的作品。墨菲博士親自將一生的心血所思考出來的「墨菲成功法則」，以書本的形式向世人散布，銷售數量高達百萬冊，掀起了巨大的回響。

　　在他的著作當中，也介紹了為數眾多的人士因實踐「墨菲成功法則」而獲得成功的實例。墨菲博士在每本著作中都會介紹讀了上一本著作，從而改變人生之人的插曲。另外，他也會在下一本著作中，收錄一些讀了他的著作而產生奇蹟的男男女女寫來的謝函。

　　在墨菲博士去世的翌年，亦即一九八二年秋天，有本雜誌編輯了墨菲博士的特集，介紹了墨菲博士四十一冊具有代表性的著作。

　　為什麼墨菲博士的著作，會在美國獲得那麼大的成功呢？

　　那就是他所寫的內容具體而易懂。墨菲博士自己也說過：「我不使用複雜的專業術語，總是希望能夠用平常我們所使用的淺顯辭彙，來說明潛意識不可思議的力量。」

　　事實上，不管在什麼情況下，墨菲博士都會舉出實例，非常仔細地以簡明易懂的方式說明他的成功法則。因此，他的著作總能夠在讀者之間博得好評。

　　另外，還有一個原因，也是最主要的原因，就是「墨菲成功法則」具有實踐性，又對社會有所裨益。「墨菲成功法則」是普遍性的經驗科學，只要用得正確，任何人都可以獲得成功。

　　墨菲博士自己就是大大地活用了自己的「成功法則」，從而坐收成功的果實。事實上，為數眾多的人士也是應用「墨菲成功法則」，而獲得了幸福。

「新思維」運動與墨菲博士

　　──不管出生的環境如何，所有的人都無法為他人所取代；任何人都有權利度過有意義的人生。

　　──人類潛藏著達成自己心願的力量，任何人只要擁有積極的人生觀，又能勤奮地努力，就一定可以實現願望。

　　這樣的思想稱為「新思維」，正好與「人類的命運受到出生環境的影響」，亦即「宿命決定一切」這種陳舊的思想相對立。

　　像墨菲博士這種重視人類潛力，並且開朗對人生持肯定態度的「新思維」派的想法，在美國人之間極為流行。

　　比方說，很多人都知道、也會強調「積極的心態」（PMA……「Positive Mental Attitude」）之重要性，創立「拿破崙·希爾程序」的成功學大師拿破崙·希爾這個人。希爾博士的名著《思考致富》，在全世界銷售了三千萬冊，創下空前的長期暢銷書記錄。此書便是將焦點集中於商業世界的「墨菲成功法則」。

　　另外，倡導「積極的思考」（Positive Thinking），一直為提振人們之勇氣而奔走的皮爾博士和主辦「說話訓練課程」帶給李·艾科卡及其他人物決定性影響的戴爾·卡耐基，也都是「新思維」派的旗手。

　　更進一步，以「新思維」派的想法為基礎，針對如何活用人類潛在腦力的實踐法，最近也在進行科學方面的研究。

　　比方說，在洛杉磯舉辦世界奧運會那一年，美國方面對選手實施「精神訓練」，以加強選手的體能，獲得了令人驚訝的成績。絕大多數選手都刷新了自己的記錄，在多項競賽的成績發表會上升起了星條旗。

　　在「精神訓練」的課程當中，除了體力和技能的訓練，也進行

建設性的心理訓練，也就是選手們想像自己在實際的比賽中獲得最佳成績的情景。

　　透過心理訓練以加強選手體能的「精神訓練」手法，可以說是「新思維」派的想法運用運動方面的例子。

　　還有一個我們不能忘記的例子，那就是「Subliminal Method（潛意識激發法）」。「Subliminal Method」使用的是人類耳朵所聽不到的高頻率，將「自信」、「集中力」以及「寧靜」等「新思維」的「肯定性信息」錄製成錄音帶。

　　所謂「Subliminal」指的是「潛意識」。據說，在放鬆心情的狀態下聆聽錄音帶，這種肯定性的信息可以不受表層意識的妨礙，直接進入潛意識之中。

　　就像這樣，在美國以「新思維」為基礎的思考方法，實際應用在各種領域。這無疑是帶給美國繁榮的一個原因。

　　墨菲博士在美國佔有卓越的地位。一般認為：「墨菲博士給新思維運動帶來的衝擊最大。」從新思維普及團體──「國際新思維同盟」設立「約瑟夫・墨菲獎」，每一年表揚業績優異人士的情況來看，就可以了解墨菲博士在這方面的貢獻。

　　墨菲博士之所以能夠獲得如此崇高的評價，他的著作成為長期

暢銷書也是原因之一。但比這一點還重要的是——墨菲博士書中的內容。他每一本書雖然都以淺顯易懂的辭彙陳述，卻仍然能夠具體而確實地將「心靈與宇宙的法則」解釋得詳盡而明瞭。

受到全世界矚目的「墨菲定律」

「墨菲定律」就是本書所說的「墨菲成功法則」它已在美國風行了半個世紀以上。然而，精通「墨菲成功法則」之人並不限於美國國內，可以說已超乎宗教和人種之上，正向世界各國廣泛流傳。

墨菲博士所留下來的名著，越來越受到全世界各地的人所矚目。墨菲博士的著作已經翻譯成各國語文，博得世人的好評。在已經過世三十多年的今天，墨菲博士的許多著作仍然不斷地被各國重新翻譯。

另外，墨菲博士曾經在全世界巡迴演講，每到一處，都會掀起巨大的回響。在他搭乘飛機到各地演講時，偶爾坐在他身旁，或是在餐廳中與他同座的人，都會受到極大的感化，引發許多奇蹟。這些人至今仍信奉「墨菲成功法則」，並且努力加以推廣。

幼年時代不可思議的親身的體驗

約瑟夫‧墨菲博士生於一八九八年。他生長的地方是美國東部的鄉下，全家人悠然自得地生活在大自然之中。墨菲有一個兄弟、四個姊妹，彼此的感情都相當融洽，常在後院一起玩耍。

少年的墨菲時常會去鄰居傑利先生的家裡遊玩，聽傑利先生講故事，或幫忙收割農作物，度過愉快的時光。

處在如此幸福的生活當中，墨菲小時候就經歷過幾次一般常識無法加以解釋的奇特遭遇。

伊莉莎白的預言

在墨菲博士的兄弟姊妹當中，最富有直觀能力的是排行老么的伊莉莎白。關於這一點，從她幼年時候的一樁軼聞，就可以有所了解了。

有一天晌午，墨菲一家人像往常一樣，在後院玩耍。這時，伊莉莎白突然心情激動地跑了進來。她當時才五歲。其他人一看，她的樣子顯得頗不尋常。

伊莉莎白氣喘吁吁地對大家說道：

「喬哥哥（喬是約瑟夫的暱稱），姊姊！不好了！我看到奶奶死了，棺材被馬車載著；奶奶常去的那所教堂的牧師走在前頭，爸爸和媽媽跟在馬車後面。」

少年墨菲笑著說：

「貝絲（伊莉莎白的暱稱），你在胡扯些什麼？上一次見到奶奶時，她的精神不是好得很嘛！而且，爸爸和媽媽在家裡，又沒出去。我看你八成是在做夢！」

「可是，我真的看見了。真的！我沒有在做夢。」伊莉莎白不認輸地說道。

「你們在吵什麼？喬，到底發生了什麼事？」聽到他們兄妹嚷嚷著，媽媽走了過來。

「貝絲夢見奶奶死了，心情非常激動！」

「我不是在做夢，是真的！媽媽，不得了啦！奶奶死掉，被馬車載走了。」

　　媽媽一聽，就很生氣地數落著伊莉莎白：

　　「貝絲，你怎麼可以說這麼不吉利的話？開玩笑也不能開得太過分。以後可不能再說這種話了！」

　　伊莉莎白十分委屈的被大家取笑，又遭到母親的斥責，心情感到非常的頹喪。

　　然而，到了黃昏時分，有一個親戚來到墨菲家中。令人驚異的是，他是來通知伊莉莎白的父母有關奶奶的死訊，要他們去守靈和參加葬禮。

　　奶奶過世的時候是下午兩點，正好是伊莉莎白說奶奶死掉，引起騷動的時候。而且，事後主持葬禮的牧師和舉行葬禮的情況，也一如伊莉莎白所說的那樣。

　　這種不可思議的事，並不是很少見。事實上，有很多人就曾經有過與墨菲博士完全相同的經驗。

　　以前每年到了暑假，我們一家人都會前往岡山掃墓。十歲左右的時候，我有一次在距離墓地不遠的親戚家過夜。親戚家中有位老奶奶，經常給小孩子零用錢，非常寵愛我們。可是，後來一直沒有機會再去那個親戚家，慢慢地我就把那位慈祥的老奶奶給忘了。

　　不知經過了幾年，有一個晚上，我姊姊突然向爸媽問道：「住在岡山的那位老奶奶現在怎麼樣啦？」我姊姊並不是單純地想念老奶奶，而是覺得心驚肉跳，才問起這件事，顯然是非比尋常。我一聽到姊姊的問話，也不由得擔心起那位老奶奶。

　　後來我們才知道，岡山那位老奶奶臥病在床已好些時候，就在我姊姊向爸媽問起她老人家的近況時，正是她病情惡化，嚥下最後一口氣的時候……

　　杜克大學的萊恩博士，也介紹過許多類似的事例。

　　為什麼會發生這種事？事實上，這是因為人的內心深處與宇宙的根源——也就是「宇宙心靈」是相通的。當然，那時候墨菲只是個少年，並不了解這個道理。

　　此後，墨菲接二連三地經驗到觸及「宇宙心靈」的神祕事件。

傑利和他的兒子

　　鄰居的傑利先生有個小兒子，在墨菲九歲時，有一天去爬附近

的山，卻一去不回。於是，附近的鄉鄰全體出動，搜尋到很晚，還是沒有找到線索。

　　傑利非常頹喪，直到黎明時才上床就寢。臨睡前，這位純樸的農夫向上帝虔誠祈禱盼望上帝指點他兒子的下落。

　　當天晚上，傑利入睡之後，做了一個非常逼真的夢。夢中，他非常清晰地看到兒子就睡在覆蓋著灌木的岩石旁。天一亮，傑利就馬上騎著驢子，朝著他夢中所見的地方趕去，終於把他的兒子平安無事地救回。

　　當他帶著兒子回家的途中，兒子向傑利說道：

　　「我曾向上帝祈禱，希望爸爸能找到我。」

將朋友從叢林中救出來

　　在十歲左右時，墨菲和幾個朋友到叢林中玩耍，不幸迷路了。剛開始，少年墨菲害怕得全身發抖。但過了不久，他就平心靜氣地祈禱——

　　「天使啊！請無論如何要幫助我們。」

　　少年墨菲之所以這麼做，是因為他媽媽經常教他：「在你遇到困難時，就向天使祈禱，天使會一直守護著你！」

　　當時還是小孩子的墨菲思想非常單純，媽媽怎麼說，他就怎麼相信。祈禱之後，墨菲突然有股衝動，想要朝某個方向走，於是就開始邁開腳步。

　　墨菲心中確信：「天使正在引導我！」

　　他也將這件事告訴了其他朋友。有部分少年相信了，但也有人認為他在胡扯，沒有跟著他走。

　　兩天後，救援隊救出了墨菲和跟隨他的少年。而嘲笑他、拒絕與他一起行動的其他少年，從此下落不明，永遠消失在叢林之中。

墨菲的宇宙心靈

　　少年墨菲歷經了種種不可思議的奇事之後，了解到一個事實：「世上經常會發生常識所無法說明的事情，在這當中，心靈扮演著非常重要的角色。」可是，當時他還不曉得「宇宙心靈」是實際存在的，每個人的內心深處與「宇宙心靈」有著密切的關聯。

　　然而，墨菲博士的「潛意識」和「宇宙心靈」的力量終於在某一天甦醒過來，促發他完成了「墨菲成功法則」。

　　這個法則就是：在「宇宙心靈」無限力量的作用下，「深烙在潛意識中的願望一定會現實化。換句話說，人們衷心所盼望的事，只要每天記住，就一定會實現。」

　　當時的墨菲領悟到了這個法則，還只是個二十出頭的年輕人。

用宇宙心靈治好惡性腫瘤

　　墨菲博士年輕時深受雙親的影響，是個虔誠的天主教徒。但逐漸地，他受到「新思維」的思想所吸引。

　　「新思維」的思想是指：「人類具有無限的腦力，可以達到自己的願望，唯有自己的思維能夠決定自己的命運。」

　　其後，他遇到一次機會，讓他自己本身實際驗證了這個想法是否正確？

　　當時，青年墨菲罹患了稱為肉瘤（sarcoma）的惡性腫瘤。肉瘤是骨骼或軟骨、血管、肌肉等締結組織常見到的典型癌症。那時

候的醫學還無法制止癌細胞的蔓延，他的病情迅即惡化。為此，墨菲決心運用潛意識的力量治療自己的惡性腫瘤。

他每天告訴自己：「宇宙本始的生命力，將我們的身體製造得非常完美。」並深信不疑！

換句話說，青年墨菲確信「宇宙心靈」是實際存在的，同時將「非常完美」的這個健康願望，交給潛意識。

青年墨菲曾經把有關「宇宙心靈」和「完全的健康」的真理，凝縮成一篇簡短的祈禱文。然後，一天朗誦兩、三次，每次大約五分鐘。祈禱，亦即將願望烙入潛意識，具有戲劇性的效果。經過了大約三個月，他的肉瘤完全痊癒，再也沒有發作過。

墨菲博士的祈禱文，概略如下——

我的身體是由完全無瑕的「宇宙心靈」製造出來，原本就是健康的。

所以，我相信「宇宙心靈」的力量。只要存著希望，那無限的生命力，就會到達製造我的身體的所有原子，重新塑造成健康的身體。我現在已經實際感受到宇宙心靈，正在治療我的疾病。不勝感激！

此時，墨菲博士已經非常擅於運用廣大無涯的「宇宙心靈」之心法，從而發現了下述的真實情況——

　　無法救治的疾病是不存在的，只不過是存在著——認為疾病治不好的心靈。請把你心靈的焦點貫注在宇宙無限生命力的「宇宙心靈」上。這樣一來，疾病自然就可以痊癒。

瀕死經驗

在同一時期，墨菲博士也有過瀕死的經驗。那時候，整整三天，博士完全失去意識，因而被宣告死亡。

當時的體驗確實非常不可思議。

在瀕死之際，墨菲脫離了原來的那個肉體，遇到了早已離開人世的親戚，並與他們交談。雖然脫離了原有的肉體，但墨菲還是覺得自己擁有普通的肉體。

不過，那個肉體卻可以一溜煙穿過緊閉的門扉或牆壁。接著，不管是倫敦、巴黎或是他妹妹當時所居住的比利時，只要腦中浮現

出那個地方，剎那間就可以往那個地方移動，看到或聽到當地正在進行的事情。當他與已經過世的親戚聊天時，不需要使用言語，完全用心靈感應的方式溝通。這種新的體驗讓墨菲博士十分驚訝，高興得忘了自己。

第三天，墨菲看到主治大夫進入他原本的那個肉體所在的病房。他感覺到醫生碰觸了自己的眼睛，正在檢查他是否有生命反應？然後，他看到主治大夫宣布自己「已經死亡」的情景。

墨菲想告訴醫生：「我還活著！」但醫生似乎並未發覺墨菲正站在他的身旁。於是，墨菲伸手去搖醫生的身體，告訴他：「請不要動我的身體，我還不想回到這個肉體。」然而，醫生對墨菲的舉動完全沒有感覺。

不久，醫生為墨菲注射強心劑。墨菲感到十分不滿，因為那個新的世界實在是美不勝收，讓他捨不得回到現世。墨菲正計劃與新朋友在新的世界共同生活。

結果，醫生的治療發揮了功效，墨菲終於回復意識。

歷經瀕死的體驗之後，墨菲博士確信：死亡並非如同我們平常所認定的，意識著一切都已結束，而是精神轉移到更高的次元。

他斷言道──

死亡並不存在！因為你永遠活在某個地方。

此一見解，沒想到竟然與臨終關懷的世界權威，著名的《死亡的瞬間》系列書籍的作者柯尤巴拉‧羅斯博士完全相同。

羅斯博士透過高達幾千件的末期症狀患者的訪談，得到「絕對死亡並不存在」的結論。類似於墨菲博士那種瀕死經驗的事例，羅斯博士手中已收集了兩萬件以上。

墨菲博士瀕死經驗的意義

墨菲博士的瀕死經驗，在他構建「宇宙心靈成功法則」這項原理上，究竟具有什麼樣的含意呢？

「宇宙心靈成功法則」是讓我們在現世當中活得更好的法則，與是否真存在死後世界無關。從這層意義上來講，墨菲博士經由瀕死經驗所獲得的生死觀，與本書的主題「墨菲成功法則」之間，並沒有直接的關聯。

不過，「生死事大」，當自己面臨死亡時，就沒有機會詢問自

己人生的意義，生命的意義是什麼了。

　　墨菲博士在自己面臨死亡時，曾經誠摯地詢問過自己的人生意義，和自己存在的本質是什麼？當他歷經疑難雜症的折磨和瀕死的經驗之後，完全領悟到：「人的存在超乎肉體，人是與宇宙的生命力、宇宙心靈有密切之關係，非常有尊嚴的生命。只要將願望深深地烙入潛意識，就可以有效地運用宇宙的生命力。」

　　從這個意義來看，罹患疑難雜症之後恢復健康，和瀕死經驗這兩大痛苦的體驗，終於促使墨菲博士完成了「墨菲成功法則」。

永不磨滅的墨菲理論

　　經歷了這些體驗之後，墨菲博士覺得與教他「新思維」思想，將他從死亡之深淵救出來的大衛教會深具共鳴。在身體完全康復之後，他就成為大衛教會的牧師，竭盡全力，向其他人傳授神祕的「心靈與宇宙的生命力」和「墨菲成功法則。」由於墨菲博士致力獻身於推行成功法則的活動，他給許多人帶來了更豐富的人生。

　　墨菲博士親自試驗過墨菲理論的實際效果，證明了它的正確性

不只表現在疾病的治療。事實上,在推廣「墨菲成功法則」的時候,他也運用了這個法則。

墨菲博士能有機會在世界各地演講,他的作品能夠被翻譯成各國語文,博得好評,其主要原因,正如博士所述:「我每晚臨睡前,都在心中描繪了這個結果。」

墨菲博士的活動場所也不例外,還是運用成功法則得來的。比方說,他的根據地設在洛杉磯的比佛利山「旅遊世界」,熱烈地展開推行「墨菲成功法則」的活動。這也是因為博士喜歡氣候溫暖的西部,希望自己能夠到西部進行推廣其法則的事宜,而將願望深烙在潛意識中所實現的結果。

博士說道:「我很想在加利福尼亞州工作,就將這種內在的願望烙入潛意識。沒多久,就有人在非常有利的條件下,提供我許久以前就很想從事的工作。」

墨菲博士在一九八一年過世,但他所留下的大量著作和「墨菲成功法則」卻永遠不會過時。因為「墨菲成功法則」是有事實根據的,普遍性的經驗科學。

雖然每個人的願望不同,但有許多人因為實踐了「墨菲成功法

則」，而實現了願望，成為成功者。其中包括了不少深具影響力的政治家和企業家在內。還有更多以前深受毒癮所苦、曾經殺過人的犯人，都因為奉行「墨菲成功法則」，革除了不良習慣，從自責、內疚中重新站起來，同樣成為成功者。

　　由於具有普遍性，「墨菲成功法則」今後將會創造出更多的成功者。或許你會拿到這本書，也是由於墨菲博士的引導。因為墨菲博士衷心盼望你能夠實踐「墨菲成功法則」，獲得更大的幸福！

Chapter 2

不可忽視的潛意識

——我們的精神和身體
　　將會在暗示之下展開行動

墨菲定律的精華就是：「只要將願望烙入潛意識，願望必能實現。」這到底是怎麼一回事？潛意識具有什麼樣的力量？前面所述的「將願望烙入潛意識」指的是什麼？

潛意識不可思議的力量

潛意識擁有不可思議的力量。我們平時所能意識到的心理層面，亦即「表層意識」，與其背後廣大的「潛意識」之作用相比，不過是冰山一角。潛意識完全支配著我們肉體的各項機能、狀態和知覺等等。

潛意識不可思議的力量，有一部分可以用淺顯易懂的方式表現出來，那就是「暗示的力量」。所謂「暗示」，就是將潛意識的指示烙在不會妨礙到表層意識的地方。我們的身體會遵從這個暗示的指示。「暗示的力量」也能讓人對水產生過敏反應，甚至還會奪走人的生命。反之，如果用在正面上，就可以讓人的性格變得開朗，或治癒疾病。

這裡所謂的「疾病」，不限於心因性疾病（精神上或心理上的原因所引發的疾病，歇斯底里等屬之），也包括器質性疾病（因臟器、組織的形態異常所引起的疾病，癌症或胃潰瘍等屬之）在內。

梅斯玫爾醫生的「動物磁氣理論」

有一位著名人物就是運用這種「暗示的力量」治療疾病，獲得極大的成果，而被人稱為「奇蹟的治療師」。他就是出生於奧地利的安東尼・梅斯玫爾醫生。據說，法國大革命前夜，梅斯玫爾在巴黎，運用了生命內在的「動物磁氣」，非常富於戲劇性地治癒了神經痛、胃痛和生理痛等症狀的患者。

梅斯玫爾的治療室非常大，一次可以為三十名患者進行治療。在舖著厚厚一層地毯的微暗房間內播放著背景音樂，同時備有不可思議的「動物磁氣」。

治療室內擺著一張大桌子，桌子上擱著許多治療用的鐵棒。梅斯玫爾告訴患者，鐵棒與擺在房間正中央，帶有磁力的水相通。當患者各依己意，拿著鐵棒，抵住患部，進行治療之後，不久，梅斯玫爾手上就拿著磁鐵走進房間，用磁鐵碰觸患者的身體，目不轉睛地看著病人。

如此一來，患者就陷入極度的興奮狀態，有人哭泣，有人大叫；其中也有病患昏了過去。而當病患從昏睡狀態醒過來時，先前的病狀就神奇般地解除了。後來，梅斯玫爾認為磁力的來源是在人

的身體上，磁鐵不過是個媒介，乾脆就不用磁鐵進行治療，結果依舊能夠獲得驚人的成果。

　　梅斯玫爾認為，人體中也存在著充溢於宇宙之內的流動體（宇宙能量）。這個流動體，用磁力就可以加以控制。疾病就是此流動體，亦即「動物磁氣」的情況異常所引的，可以藉由施術者的「動物磁氣」來治癒。

　　梅斯玫爾因為「動物磁氣論」，被推舉為拜恩國立學會的會員，也因此樹立了這方面的權威地位，深受患者信賴。他的診所經常門庭若市。他的病人包括以馬里·安特華涅特為首的王子、侯爵等許多貴族在內。

調查委員會與梅斯玫爾的下台

　　梅斯玫爾的奇蹟席捲了整個貴族社會，法王路易十六無法容忍這樣的影響力，就命令屬下成立調查委員會，針對動物磁氣展開調查。調查委員會的成員包括證明雷有電氣現象的班傑明·富蘭克林，和確立燃燒理論的拉瓦澤等傑出的科學家。

　　調查委員會認為，治癒疾病的事實純粹是「想像的產物」，斷定梅斯玫爾所主張的動物磁氣——「根本不客觀，不是實際存在的現象。」因此，梅斯玫爾的聲望一落千丈。他在法國大革命爆發之後，就離開了巴黎，最後在瑞士偏僻的鄉村抑鬱而終。

　　梅斯玫爾風靡一世的「動物磁氣理論」，在以前是假冒科學之名的迷信。梅斯玫爾所使用的磁鐵以各種形式，包括現在也在使用的治療肩膀酸痛的貼藥或磁力項鍊等，被繼承下來。可是，在當時已經沒有人相信他所主張的「動物磁氣」可以治療疾病了。

梅斯玫爾式治療法的意義

　　那麼，梅斯玫爾是不是一個騙子？梅斯玫爾的功過，現在已經稍獲公平的評定。姑且不論他的「動物磁氣理論」是不是假冒科學的迷信，他曾經治癒許多人的疾病，卻是千真萬確的事實。

　　梅斯玫爾式的治療實際上是應用「催眠術」，可以說他是催眠療法的先驅。在患者對施術者全面信賴時，是最容易對患者施以「催眠術」，來進行患者的暗示狀態。

在這種狀態下，梅斯玫爾用「動物磁氣」治病的暗示就很容易烙在患者的潛意識之中；運用完全支配肉體各項機能、狀態、知覺等潛意識的力量，就可以帶來不可思議的治療效果。梅斯玫爾除了留下騙子的臭名之外，他也被冠上「催眠術的先驅」這個光榮的稱號。就連「施催術」（mesmerize），英語也用他的名字來造字。

從梅斯玫爾提出「動物磁氣理論」之後，經過了五十年的歲月，終於有人給他所創立的，用催眠術進行的治療方法，賦予新的理論根據。

這個人就是蘇格蘭的外科醫師布雷德博士。他弄清楚了梅斯玫爾在治病時，患者陷入昏迷狀態，實際上是梅斯玫爾運用暗示的力量所致。在此同時，布雷德博士也發現了我們平常意識的心理層面之外，還有另一個心理層面存在。他將它稱作「雙重意識」。又經過了五十年，此一認知發展為佛洛伊德的「潛意識理論」。

關於佛洛伊德潛意識理論的確立本身，也與催眠療法具有不可分割的關係。佛洛伊德在他與催眠療法的權威布羅伊亞合著的《歇斯底里的研究》（一八九五年）中指出，歇斯底里的病因在於受到壓抑的記憶。也就是說，我們平常意識不到的心理層面，亦即「潛意識」，是形成疾病的原因。此一成果不久即開花結果，確立了佛

洛伊德的「精神分析學」。

　　梅斯玫爾以他的直覺找到了用催眠術進行治療的方法，但卻失之於沒有科學上的根據。世上的天才經常如此。他所發現的法則，已經超乎當時的科學理論，而他自己也未能充分理解自己所發現的治療法之意義。可是，不管理論如何，他所發現且曾經引發聳人聽聞之大事件的「催眠療法」，其成果是我們所難以或忘的。

墨菲博士對梅斯玫爾式療法的見解

　　墨菲博士很早就對梅斯玫爾的催眠療法感到高度的興趣。他認為催眠療法是用潛意識的力量治病的典型例子。

　　　　不管用什麼理論武裝，也不管使用什麼樣的方法，治癒的能力只有一種，那就是潛意識。歷經相信的過程，潛意識的力量即可進行治療。

　　「mesmerize」這個字也含有「使人入迷」與「迷惑」的意

思。梅斯玫爾獲得患者絕對而全面性的信賴，成功地將治癒的信念烙在患者的潛意識之中。讓患者絕對而全面性的信賴，正是梅斯玫爾成功的祕訣。

不可思議的催眠術

梅斯玫爾創立催眠療法以後，催眠術與暗示的驚人力量就備受世人矚目。很多專家做過各式各樣的實驗，在其過程中，潛意識不可思議之力量的一部分才逐漸被摸清楚。

在今日，針對催眠術的科學研究已有所進展，了解催眠的深度也有各種等級。

在我就讀中學時，我們學校有一個同學，就有各種不可思議的本領。他給我的印象實在太深刻了，讓我至今還記得當時深受感動的情景。他有一項本事是屬於催眠術的一種，稱為「支配運動」，在催眠術中的等級算是最低的。

有一天，這位同學在講台上表演「支配運動」，學校功課最好的班長應邀上台。他指示班長把腳置於椅子上，接著運氣吶喊一

聲，說道：「把腳挪開！」

　　生性嚴肅的班長脹紅著臉，拚命掙扎，努力不讓腳挪開。可是，旁邊的人都非常清楚，他就是拼了老命，也不會有效果。接下來，這位同學又運氣吶喊一聲，班長的腳就挪了開來。由於班長用力過猛，整個人就不幸摔倒在地。

　　諸如此類，在這位同學暗示下，被暗示者就會陷入「腳無法從椅子上離開」、「站不起來」、「手黏著無法脫離」等狀態。

不打麻醉針就動手術

　　在更深的催眠狀態之下，也會因為暗示的關係，感覺不到疼痛。這種狀態稱為「支配痛覺」。

　　有一次，電視播放了「不打麻醉針而進行開腹手術，長達數小時」的情況。一位號稱「俄羅斯的超能力者」，在距離幾百公里的地方，透過監視螢幕，對手術室內的病患施以暗示。

　　關於這個現象，一般認為，可以用生理學上的機械裝置來解釋。其關鍵就是稱為內源性嗎啡樣物質的內啡肽（endorphin）之分

泌。內啡肽主要是發現於哺乳類的腦部或腦下垂體，與嗎啡相同，具有非常強烈的鎮痛作用。其中以 β 內啡肽的作用最強，比嗎啡強好幾倍。這些物質是在深沉的催眠狀態之下分泌出來的，可以截斷一切疼痛的感覺，在施行手術時，連麻醉藥都不必使用。

其實，不用麻醉藥的麻醉方法，最出名的莫過於中國自古流傳下來的針灸麻醉。這種不會讓人感覺到疼痛的手法，長久以來都是個謎團。不過，有一點可以了解的是，那也是內啡肽的作用所引起的效果。如果把針刺進某個穴位，就會促進內啡肽的分泌，其結果是讓患者即使在手術中，也不會覺得疼痛。

另外， β 內啡肽也會影響到免疫系統，最近受到醫學界關注的程度大為提高。

運用逆向催眠，返回幼兒時期

在最深的催眠狀態下，甚至連年齡和姓名都會受到催眠師的暗示所左右。比方說，催眠師說道：「回到三歲的時候！」被催眠的人就會按照催眠師所說的話，舉止動作都像三歲孩童一般，就連說

話也是結結巴巴，語音不清，宛如幼稚園小班的孩子。

　　另外，在催眠之下，也可以把自己變成別人。比方說，催眠師說道：「你就是郭台銘！」被催眠的人就會表現出自己像是成功企業家的樣子。

　　這些例子，正顯示了人類的潛意識，可以完全支配肉體各項機能、狀態、知覺等的典型情況。

運用逆向催眠，使人憶起前世

　　讓被催眠的人「回到三歲的時候」，類似於這種追溯過去的催眠術就稱為「逆向催眠」。話說得有點離題了！不過，要是催眠師對被催眠的人施行逆向催眠，要被催眠的人回到幾百年前的過去，會發生什麼情況呢？

　　有些患者可以憶起前世的事情。

　　在美國，有些心理學家將「前世療法」當作精神療法來進行。差不多十人或二十人當中，有一人在熟練的催眠師的催眠誘導下，回憶起前世的事情。美國還銷售一種錄音帶，可以藉由它，在自宅

中進行自我催眠，回憶過去。

　　那麼，「前世療法」究竟是什麼樣的治療法呢？

　　假設有一個人因為受到某種不明原因的壓抑，導致神經衰弱。如果對此人施行「前世療法」，讓他了解他內心的壓抑，真正的原因在於前世的經驗，這樣就可以解除他內心的壓抑，治癒神經衰弱的症狀。

　　下述的故事就是其中一個例子──

　　某個地方有一位少女，每次看到游泳池或大海，不知何故，就會引發莫名的恐懼。她雖然接受了各種治療，醫生也徹底調查過她幼年時的成長經驗，卻始終找不出原因。

　　有一次，心理醫師對她進行催眠，要她「回溯到造成恐水症原因的那個時期。」她回憶起遭到洪水襲擊，意外死亡的前世經驗。

　　從此以後，她看到水就害怕的症狀，即豁然解除了。

墨菲博士對前世療法的見解

　　不過，墨菲博士似乎認為這種「前世療法」，是一種相當危險的行為。

　　因為，如果有人告訴自己，現在的疾病肇因於前世，患者就會胡思亂想：「現在的境遇和疾病都是由於因果報應，逃不掉的！」很可能因為這樣而自暴自棄，再也無法擁有「自己的努力可以創造更美好的未來」這種積極的心態。尤其是強烈相信六道輪迴的人，往往會接受這種悲觀的宿命論。

　　在墨菲博士的著作中，列出了不少藉由催眠療法或在特異功能者的指點下，知道自己前世的例子。可是，他所舉的例子，患者大多相信因果報應的定律，認為自己「深受疾病的折磨，乃是前世惡行的報應。」

墨菲博士對前世記憶的見解

有一位徐姓的華裔移民女士為氣喘所苦，已經長達十年。

她在催眠狀態下，追溯到兩百年前，知道自己在前世犯了罪行。原來她的前世正值中國廣東省發生暴動，當時他是看守牢房的獄卒，曾經勒死不少囚犯。為了償罪，此世遂深受氣喘之苦。

墨菲博士斷言，前世記憶乃是愚蠢的想法。因為，只要改正現在的意識，把注意力集中在「宇宙心靈」，馬上就可以恢復健康。

命運並非一成不變，未來也不是不可能改變的。

以剛剛那位徐女士的情況來講，良心受到苛責，是罹患氣喘病的主要原因。當她的母親患了嚴重的氣喘，在痛苦中過世時，她因為與母親失和，沒有好好地在旁照顧。她的潛意識將良心受到苛責的痛苦，以「氣喘」的形式顯現出來；對催眠師的所謂「前世」之暗示，則編造出似乎很有道理的故事加以附會。

佛洛伊德曾經指出，「情況的說明」本身就是一種治療方法。墨菲博士利用這種尖銳的揭示，讓這位徐女士從長期飽受氣喘之苦中解脫出來。

墨菲博士對輪迴思想的見解

墨菲博士否定所謂的「六道輪迴」這種說法。他曾經毫無忌憚地斷言——「前世的惡行（業）在現世必須抵罪」的「輪迴定律」是一種「迷信」。

為什麼墨菲博士說得這麼「斬釘截鐵」？

那是因為墨菲博士相信：「任何人都有獲得幸福的權利，也有使自己獲得幸福的潛在腦力。」一旦成為神祕學或輪迴思想的俘虜，相信宿命，就無法發揮自我的潛在腦力。

對墨菲博士而言，這是他最無法忍受的事。

再者，形成墨菲博士文化之骨幹的是基督教，基督教就認為輪迴思想是異端，加以否定。這也是我們不能忽略的事實。在基督教早期的階段，也有一派信奉輪迴的思想，名為諾斯替教派（融合多種信仰的通神學和哲學的宗教，主要盛行於二世紀）。但後來在基督教的某次公會議中，遭到正式的否定，聖經中也刪除了有關輪迴思想的記述。

輪迴定律是否真的存在？

　　另一方面，墨菲博士卻又反覆強調：「我們的肉體雖然會死亡、腐朽，靈魂則不滅。」還說：「靈魂經常以上帝為目標，向上發展。」以及「已經去世的人仍存在於我們的周遭，只是因為頻率不同，我們才無法看到他們。」

　　如果死後靈魂不滅，靈魂再投胎於世上就應該不至於令人覺得不可思議吧？！這麼說來，輪迴定律不是也有成立的可能嗎？

　　該如何看待這種自相矛盾的事？

　　果真有「輪迴定律」存在嗎？

運用催眠術，引發過敏症

　　上述至「支配記憶」為止，都是屬於眾所周知的催眠術之範疇。可是，暗示的力量並不限於如此而已。催眠術也可以讓人引起過敏反應或物理性的外傷，有時甚至還可能奪走人的生命。

　　向對玫瑰花過敏的人施行催眠術，僅將水端到他的鼻子前，然後施以暗示：「這是加入玫瑰花精油的水！」情況會怎樣呢？這時被催眠的人就會打噴嚏，流鼻水，顯現出與面對真正的玫瑰花時，同樣的過敏反應。

　　反過來說，如果患者自己察覺到暗示是引發他的過敏症的原因，就可以治癒過敏症狀。

　　下面就是典型的事例——

　　墨菲博士有一位當醫生的朋友。有一個婦女為玫瑰花過敏所苦，來找他治療。這位婦女對紅色的玫瑰花會過敏。然而，不知何故，在侯診室的桌上卻裝飾著許多紅色的玫瑰花。不出所料，她的過敏症發作得非常厲害。

　　對診所不體貼病人的態度，讓這位婦女覺得很火大。

　　等到祕密揭穿之後，她才知道，原來桌上的紅色玫瑰，實際上只是塑膠花。聽了醫生的說明，這位婦女不由得笑了出來。因為她終於了解，自己的信念，亦即「玫瑰花會引起過敏」的想法，才是過敏症的真正原因。

　　從此，她對玫瑰花過敏的症狀完全痊癒，而且沒有再發作過。

運用催眠術，手腕上浮現血字

　　在墨菲博士的著作中，曾經介紹過下述的實驗，清清楚楚地顯示出潛意識和不可思議的暗示力量，這一點令人印象非常深刻。

　　催眠師對被催眠者施行催眠術，接著用鈍器的前端在被催眠者的手腕上寫出被催眠者的姓名，然後暗示被催眠者：「下午四點，你就去睡覺，你的手腕上會按照我所寫的那樣，浮現出血字來！」結果，到了下午四點，被催眠者真的感到昏昏欲睡，上床就寢。而且，他的左手腕上有幾個地方滲出血來，非常鮮明地浮現出文字。那幾個字三個月後還清晰可見。

　　一般而言，何時應該睡覺的判斷是由我們平常醒著時的心理層面——表層意識。表層意識是推理及判斷的心理層面。

　　不過，在將暗示烙在潛意識的狀態下，表層意識也會依從此暗示而展開行動。

　　在上述的例子中，如果詢問下午四點就上床睡覺的那位被催眠者：「你為什麼在那個時候睡覺？」

他會以各種理由來牽強附會。比方說：「因為昨天熬夜的關係，所以想睡覺。」或是「因為進行催眠實驗，感到疲倦。」

被催眠者打從心底相信自己的說辭，他們做夢也沒想到，自己是因為受到暗示才這麼做的。

就像這樣，一旦成功地將暗示烙入潛意識，被催眠者清醒時的想法和行動也會遵照暗示進行。

濕毛巾也可以讓人喪命

暗示作用甚至可能殺死人。

以現在人道的觀點來看，這種殘酷的實驗是不能容許的。

不過，據說法國以前曾經利用死刑犯進行這個實驗——

將某個死刑犯的眼睛蒙起來，接著在他的脖子後面輕輕地劃一道傷口，然後暗示那個死刑犯：「血從你脖子後面的傷口一滴滴地流了下來。」

事實上，為了讓死刑犯相信血從脖子上滴下來，實驗人員還將水滴在他的脖子上。

　　過了六分鐘，實驗人員告訴死刑犯：「你全身的血，已經有三分之二都流光了。」

　　就在這個時候，那個死刑犯因為過度恐懼，當場死掉。

　　另外，英國也曾經發生過用濕毛巾殺死人的事件——

　　某大學有一個非常不受學生歡迎的警衛。正值年輕氣盛，好惡作劇的學生們將這個警衛抓起來，監禁在一個房間內，說是要舉行實習法庭。其後，在法庭上判他死刑。接著，就在警衛面前磨起金光閃閃的斧頭。然後，把他的眼睛蒙起來，強迫他跪下。其中一個學生繞到警衛背後，用濕毛巾打向警衛的脖子。

　　令那群學生萬分驚嚇的是，警衛竟然就這樣嗚呼哀哉了！

香蕉與少年

　　將暗示烙入潛意識的方法並不限於催眠術。宗教上的迷信也和催眠術具有同樣的威力。另外，對迷信過分著迷，有時也會招致致命的結果。

　　這是將一生奉獻於醫療工作的史懷哲博士，在非洲蘭巴雷涅（Lambarene：非洲中西加彭共和國的一個小鎮）的醫院服務時，就曾經發生過這樣一件事。

　　史懷哲博士雇用一位當地的少年打雜。

　　當地的人有許多迷信禁忌。嬰兒生下來時，巫師就會將浮現於腦中的信息，當作嬰兒一生的禁忌，告訴嬰兒的父母親，要他們多加留意。比方說，有些人的禁忌是豬肉，吃了豬肉就會死亡；有些人的右肩不可以讓陌生人碰觸……等等。

　　在醫院中打雜的少年，他的禁忌是香蕉。

　　有一天，這個少年拿著用過而尚未清洗的盤子裝食物吃。史懷哲博士不經意地說：「那個盤子昨天裝香蕉，還沒有洗呢！」就在這個時候，少年突然發起高燒，全身痛苦起來。幾天之後，就這樣莫名其妙地離開人世。

　　從醫學上來講，這個少年的病因全然不明。可是，犯了宗教禁忌的那種恐懼心，就是奪走他的生命的主因。

表層意識與潛意識

上述內容有個共通的地方，那就是──

如果成功地將暗示的內容烙在潛意識之中，你的身體和意識就會按照所接受的暗示那樣展開行動。因為潛意識完全支配了肉體的各項機能、狀態和知覺等等。

更進一步說，作為將暗示烙入潛意識的技巧來講，催眠術是非常有效的手段。

可是，為什麼催眠術具有如此的威力？

為了獲得這個問題的答案，必須先了解我們另一個心理層面──表層意識的作用。

以下就簡單地介紹一下有關表層意識的作用。

表層意識的作用

表層意識的作用大致可以分為兩種。

1‧是進行「判斷」的作用

表層意識是理性的心理層面，具有可使用被賦與的先決條件，進行邏輯性思考，獲得某個結論的力量。

比方說，「今天好像會下雨，出門最好帶把雨傘。」這就是表層意識所下的判斷。

再者，辨別某項訊息是否正確，也是表層意識的作用。

不管多麼會游泳的人，在下雪的冬天，如果有人說：「咱們到附近的海水浴場游泳吧！今天天空晴朗，真是游泳的好日子！」

大概不會有人聽了之後，把它真的當成一回事吧？在這種天氣寒冷的日子裡，若真的毫不在乎地去游泳，恐怕不是凍斃，就是心臟麻痺而死吧！

判斷事情的善惡也是表層意識的重要機能之一。就連小孩子也知道「殺人搶錢」是壞事。不過，能夠進行善惡判斷的就只是表層意識。

2‧是作為「門衛」或「防波堤」，
不讓不良的暗示抵達潛意識

不管暗示多麼荒唐無稽，潛意識都會無條件地遵從暗示的內

容。一旦暗示作用烙入潛意識，你的身體就會陷入如同暗示那般的狀態之中。

　　不僅如此，在暗示內容的範圍內，就連你的「進行判斷的心理層面」，亦即表層意識，也會受到潛意識的支配，而被剝奪了判斷能力。

　　我們舉前面那個「下午四點，你就去睡覺」的暗示為例來看。在四點鐘「睡覺」，乍看之下，好像是表層意識所下的判斷，但事實上那只是遵循事先烙在潛意識中的暗示行動而已。此時，表層意識並沒有判斷能力。

為什麼有些人不接受暗示？

　　潛意識的力量就是如此驚人。然而，有一點我們必須了解，那就是：表層意識比潛意識佔有絕對的優勢。事實上，「表層意識對什麼樣的暗示可以烙入潛意識，具有選擇的能力。」換句話說，烙在潛意識中的暗示，絕對無法違反表層意識的意思。

　　表層意識非常多疑，很在意暗示的內容是否正確？一旦懷疑暗

示的內容，該暗示就會受到表層意識所阻礙，無法達到潛意識。

　　比方說，在你意識清醒時，如果催眠師要你：「回憶你前世的事情吧！」若是你根本不相信輪迴，你就只會反駁：「你在胡扯什麼？」在這種情況下，暗示就無法烙入對方的潛意識。

　　表層意識會好好發揮「門衛」的作用，不讓自己不相信的暗示烙在潛意識之中。

　　另外，對玫瑰花過敏的人，如果讓他看到自來水注入乾淨杯子中的情景，在沒有對他施行催眠術的情況下，告訴他：「水裡面已加入了玫瑰花的濃縮物唷！」就算把杯子湊進他的鼻子，也不會引起過敏症狀。因為表層意識判斷該暗示是虛假的，而不會讓暗示到達潛意識裡。

　　從此一事實來看，就可以了解——為什麼相同的暗示，對某些人有效，對另外一些人則無效——的原因。

　　關鍵是表層意識如何對所接受的暗示進行判斷？

　　比方說，以滿懷同情的口吻，對容易暈車的人說道：「哎呀！你的臉色怎麼那麼難看！是不是暈車了？」他立刻會顯露出暈車的狀態。因為這句話引起了他「我非常容易暈車，此人所說的話或許是真的」的恐懼。表層意識認為是「真的」的事，就會烙入潛意

識，產生如同暗示般的效果。

　　可是，同一句話對經驗豐富的計程車司機說，和上述的情況就不一樣，司機並不會暈車。因為計程車司機知道自己根本不會暈車，所以這個暗示不會到達潛意識。

　　就像這樣，與信念相反的暗示，絕不會烙入潛意識。

暗示烙入潛意識的必備條件

　　看了上述的內容之後，想必讀者已經知道，想把暗示烙入潛意識，需要具備以下兩個必要條件。

　　一、表層意識必須認定暗示的內容是真實的。這樣一來，表層意識就無從妨礙將暗示烙入潛意識。在宗教上，大多數的情況都是由於信徒無條件，毫不批判地完全相信由宗教衍生的迷信，如此暗示才會變得有效。

　　二、使表層意識的活動程度降低，讓表層意識處於不會妨礙到暗示的內容進入潛意識的狀態。

催眠術力量的泉源

看到這裡，讀者大概已經了解，為什麼催眠術會成為將暗示烙在潛意識之中的有效手段了。

事實上，催眠術對形成前節所述的暗示烙入潛意識的第二個必備條件非常有效。也就是說，催眠術可以使表層意識的活動程度降低，讓表層意識處於不會妨礙到暗示內容進入潛意識的狀態。

在催眠師實施催眠術的狀況之下，被催眠的人會陷入昏迷的狀態中。而在昏迷的狀態中，表層意識的活動會受到壓抑，使妨礙的程度降到最低限度。

換言之，被催眠的人處於被動的狀態，表層意識無法造成妨礙，催眠師的暗示就這樣直接進入被催眠的人的潛意識。

潛意識表面化時

從另一角度看第二個必備條件，就會得出：「潛意識和表層意識不能同時活動。」這是非常重要的一點。

　　筆者將在第十章介紹活用潛意識的「墨菲成功法則」的實踐方法。如果想將願望烙在潛意識之中，關鍵就在於了解這種性質。

　　此外，墨菲博士將此兩者的的競爭關係，十分簡潔地凝縮成以下的一句話：

　　　　當表層意識進入酣睡時，潛意識就表面化了。

在催眠療法中，
「情況的說明」本身可以治癒疾病的原因

　　在前面的催眠療法中，曾經提到：「情況的說明，本身就是一種治療方法。」各位了不了解其中的原因？

　　答案是：情況的說明，會使烙入潛意識的暗示無效（失效）。

　　在此，再稍作說明，大家就會一目瞭然了。

　　憎惡或良心上的苛責等負面上的情緒，作為暗示，烙在潛意識裡的結果，有時會帶來疾病。另外，「前世惡行的報應」這種荒唐無稽的暗示，有時也是導致疾病的原因。

治療這類疾病最有效的方法，就是弄清楚烙入潛意識的暗示之內容，讓它暴露在表層意識批判的眼光之下。這樣一來，不合理的暗示就會遭到表層意識這個「門衛」的攔阻，無法到達潛意識。

這是前面所述的「當表層意識『懷疑』暗示的內容時，表層意識就會阻礙暗示烙入潛意識的行動。」這個法則的應用。

前面介紹過一個例子，提到一名為氣喘所苦的女士迷信自己罹患氣喘病是為了彌補前世的罪行。其實，真正的原因是她對母親冷淡的態度引發了良心上的苛責，導致氣喘病的發生。

在這種情況之下，她不加批判地接受催眠師所說的「前世」這種荒唐無稽的暗示，遂認為她的病與前世有關。

當病因弄清楚之後，治療法就有了明確的方向了。此時，她衷心地為自己的不孝感到懺悔，同時祈求母親在天之靈能夠安息。最重要的是，她必須停止對自己的苛責。

在她良心上的苛責消除之後，氣喘病就不藥而癒了。她既已領悟到氣喘的原因不在於「前世」，當然就不會接受「回憶起前世」這種不合理的暗示。

情況的說明，無法治癒疾病時

然而，即使治癒方法有了明確的方向，它與能否治癒疾病卻完全是兩碼子事。只有在本人接受了那種治療法，並加以實踐時，疾病才能夠治癒。理論和實踐是達成目標的兩個車輪。就算明白了道理，卻無法加以實踐，也是毫無意義可言。

墨菲博士下面的一段話，就指出了這一點：

> 疾病的根治，是回應了你的信念。如果你真想治療疾病，就必須付出代價。換句話說，你必須完全拋棄憎恨之類的負面情緒。不付出代價，什麼事都做不成。

對任何一位患者來講，恢復健康，擺脫痛苦的折磨，都是他們殷切的願望。所以，一般人都會認為：「患者當然不可能認為：生病是件好事。」可是，墨菲博士指出，在現實生活中，「也有不少患者，頑固地拒絕醫生為他治病。」

這又是為什麼呢？假設病人的病因是「憎恨」他人，或因為非常自卑而導致「自我厭惡」，想要治療疾病，就必須具備消除這種

負面情緒的「勇氣」。

　　單是「遺忘」，仍然無法消除負面的情緒，必須從內心予以化解才行。因為正如後面所述，由於大腦儲存了我們所有的記憶，就算表層意識已經遺忘的事，潛意識也絕不會忘記。潛意識是無法加以蒙蔽的。

　　另外還有一種情況，就是本人在無意識中希望自己生病。墨菲博士所說的：「有些病人以生病為樂。」實際上指的就是這一點。

　　墨菲博士在他的某本著作中，曾經提到一位老婦人為了博得家人和朋友的同情，竟希望自己罹患風濕病。這位老人經常流露出對疾病的不滿，要周圍的人照顧自己，藉以肯定自己的存在。

　　既然患者自己都不想治好疾病，病當然就永遠治不好了！

3

潛意識不可思議的力量

——用科學方法能夠闡明的潛意識

潛意識所擁有的腦力超乎我們的想像，可以用「無盡藏」這三個字來形容。

「安慰劑效果」

關於暗示賦與我們身體的力量，目前已經在進行科學方面的研究。在測定新藥的效果之際，形成重大問題的「安慰劑效果」可以說是其中最顯著的一種。

有關潛意識的知覺能力、記憶能力的優異性，利用科學上的方法，也慢慢能夠解釋清楚。最近，有些專家正在研究如何將潛意識應用於運動或記憶術裡面。

在心靈與身體的關係中，作為顯示心靈之重要性的「安慰劑效果」已經廣為人知。縱使是與疾病毫不相干的藥或偽藥，只要患者信賴醫生，相信醫生開的藥「有效」而服用，還是可以產生效果。此即所謂的「安慰劑（placebo）效果」。Placebo 在拉丁語中，有「我會滿意」的意思。

比方說，患者所信賴的醫生說：「這種藥對感冒非常有效。」然後交給患者糖水。別說是胃酸過多這種毛病，對感冒或其他疾患，都理應產生不了效果。從這個意義上來講，醫生開了這種藥方，只不過是一時的安慰而已。然而，服用糖水的患者，感冒卻真的痊癒了。

「安慰劑效果」的威力不只作為一時的安慰，只要患者相信自己服用的藥有效，對感冒、各種酸痛，乃至對癌症而言，都與真正的藥物具有同樣的效用。

另一方面，有時它也具有與本來的藥效相反的效果。有個事例就顯示，開藥給為孕吐所苦的孕婦瀉藥，並且告訴她：「這種藥服用之後，可以讓你不再孕吐。」結果，這位孕婦的症狀有了戲劇性的改善。

還有一點非常有趣：雖然是偽藥，病人服用之後，竟然產生與真正的藥物相同的副作用。這是一般人都曉得的現象。

雙重盲檢測試

「安慰劑效果」的巨大威力，在客觀地評定新藥的效果時，會形成重大的障礙。若說發現新藥的歷史，事實上正是與「安慰劑效果」相搏鬥的歷史，一點也不為過。情況嚴重時，可能將原本對疾病有害的藥物，由於「在患者實際服用時，產生極大的效果。」遂因而長年誤用。

　　因此，目前在進行新藥檢定之際，不只給患者服用新藥，也讓患者服用對照藥（偽藥），以比較其效果。也就是說，不管是新藥或偽藥，只要患者對藥物深信不疑，服用之後都可能發揮效果；但若是新藥的成效較佳時，新藥與偽藥之間的差別，就被視為是新藥的效果。因此，現在最為普遍使用的方式就是「雙重盲檢測試」。

　　在「雙重盲檢測試」進行時，將患者分為兩組，一組服用即將檢定的新藥，另一組則服用對照用的偽藥。而且，事先不讓患者知道藥物有真假之分。

　　不僅如此，就連讓患者服用藥物的醫生，也沒有事先獲得告知。換句話說，醫生本身也不知道哪一組患者服用的是真藥？這樣一來，「藥物有效」的暗示效果，對所有的患者就能夠完全一樣。

「安慰劑效果」的意義

　　就如前節所述，在判定新藥或新治療法之際，「安慰劑效果」往往會形成一種障礙。不知道是不是因為這個緣故，在醫學研究人員當中，有些人不僅視「安慰劑效果」為累贅，甚至有人一開始就

蔑視「安慰劑效果」。這種蔑視的態度還波及到由「安慰劑效果」治癒疾病的患者；他們不懷好意地將這些患者貼上「什麼都相信的老好人」這種錯誤的標籤。

──順便提一下，有關此一嚴重的誤解，現在已經有人發表了「患者的性質、教育水準與安慰劑效果的強弱之間，並不存在明確的相關性」這類的研究結果。

總之，我們不能忽視由於暗示而治癒患者疾病的這種「安慰劑效果」的正面意義。當然對患者而言，最重要的還是要實實在在的治好疾病。

墨菲博士的見解

下述這一段話是墨菲博士對「安慰劑效果」的看法──

　　就算是偽藥，只要你相信真的有效而服用，你的病會痊癒的信念就能夠烙在潛意識之中。唯有這樣，才能在潛意識中建立通向「宇宙生命力」的航道。經由這條航道，治癒能力就會

從「宇宙心靈」這個無限的泉源，滔滔不絕地流入你的體內。
這樣一來，你的疾病就必然可以痊癒。

有很多活生生的例子顯示，「安慰劑效果」可以讓心中所想的
信念，在現實生活中，提高身體的免疫機能，引起化學反應。另外
有一種說法指出，所有藥物及因外科的治療而治癒的疾病，有百分
之三十至七十是「安慰劑效果」發揮作用所致。

「安慰劑效果」的真正意義是「確信自己的疾病可以痊癒」這
個信念具有治療疾病的實際力量。

換句話說，墨菲理論這種「心中所想的事就會實現，只要在心
裡描繪出疾病痊癒的情況，疾病就真的會痊癒」的概念，其妥善性
可以說已獲得了客觀的證實。

潛意識的效果

根據最近研究的成果顯示，潛意識的知覺能力、記憶能力的優
異明顯地超乎我們的想像之外。

　　有一個著名的例子經常被人引用，這個例子說明了潛意識具有優異的知覺能力。

　　一九五七年，美國新澤西州的某家電影院在播映《野餐》這部片子的時候，曾經將「POPCORN（爆米花）」和「Drink Coca-Cola（來喝可品可樂）的訊息反覆插入一秒二十四個片格的影片中，以進行一項實驗。一次訊息只在剎那間，亦即二十四分之一秒中呈現。在這麼短的時間內，觀眾的表層意識實際上並無法接收到這個訊息。

　　可是，實際的效果卻極為驚人。因為電影院內的販賣部，營業額急遽增加──可樂的銷售量提高了百分之十八，爆米花則竟然增加了百分之五十七。表層意識所看不到的「爆米花」這個訊息，潛意識卻清清楚楚地看到了；接著，表層意識依據潛意識所見到的訊息，馬上做出反應。

地鐵沙林事件與潛意識效果

　　就像前面所述，表層意識對可能接收到信息，直接為潛意識所接收，從而影響到接受訊息的人之行動，此即 Subliminal 效果。所謂「Subliminal」英語的意思是「潛意識的」。而在「潛意識的效果」中，訊息會略過「理性與懷疑的心理層面」，亦即表層意識，而直接烙印在潛意識之中。

　　日本在某個狂熱的宗教團體掀起地鐵沙林事件時，這種「潛意識的效果」曾經成為喧騰一時的話題，相信有些讀者記憶猶新。事情的發端是在一九八九年年底的日本，有人在觀賞動畫節目《城市獵人 3》時，發現那個宗教團體教主的臉部照片插入這部動畫影片當中。那個發現此一情況的人是個動畫迷，他將該節目錄下來。當他在倒帶時，赫然發現那個教祖的照片竟然出現在裡頭。

　　當全日本民眾將話題集中於地鐵沙林事件，同時對與其有關的「潛意識的效果」感到極度關心之際，TBS 偏偏在一九九五年五月播放的〈報導特輯〉中，在新聞的空檔內，穿插了狂熱宗教團體幹部的臉部照片，這個事件就愈形擴大起來。

　　日本郵政省認為事態嚴重，在向 TBS 提出書面警告之同時，

也施以行政指導，努力預防同類事件的發生。

如果濫用「潛意識的效果」，企圖散播某項信息，收到信息的人在不知不覺中，自己的行動就會受到他人的控制；若是使用的方法有所偏差，就會導致非常危險的後果。因為前面提過，潛意識不會判斷善惡。

比方說，某個政治家想要掌握獨裁的權力，就利用「潛意識的效果」，進行有政治意圖的宣傳，將會導致何種後果呢？更進一步，如果運用「潛意識的效果」，試圖控制對方的心靈，這種行為可以說是否定了對方的自由意志，踐踏了人性的尊嚴。

因此，美國現在已經訂定法律，禁止使用潛意識的手法，進行廣告的宣傳。日本的民間廣播聯合組織也從一九九四年起，自行制定規約，禁止在電視廣告中使用潛意識的手法。而台灣不知道NCC 有沒有明確的規範？如果沒有就要加把勁了！

「潛意識的效果」真的有害嗎？

以上所說「潛意識的效果」都是被用於不良目的的情況下。我

想，各位都已經知道「潛意識的效果」的大威力了。可是，雖然它
的威力很強大，卻也不能據此就認定「潛意識的效果」是不好的東
西。不！這樣說還不對。如果能將此威力用在有益的地方，其利益
將難以計量。

最新的電子技術可以用在飛彈等最新的現代武器上，也能夠應
用於改善救人的醫療設備。雖然這是理所當然的道理，但不管多麼
強而有力的工業技術，有害或有益，端賴使用者的使用方式而定。

潛意識的運用方法

要是能夠不受到表層意識的妨礙，將正面的思考明白地烙在潛
意識裡，應該可以獲得絕佳的效果吧！因為，如果把願望烙入潛意
識，潛意識就會把你所有的潛在腦力發揮在願望的實現上。結果，
你的願望就一定會實現。

像這樣，如果能夠善用「潛意識效果」，便可以將潛意識中無
限的腦力引導出來。所以，並不會找不到利用「潛意識效果」吧！

事實上，將「潛意識的效果」應用於「達成願望」的研究，現

在也已經在進行，那就是——「潛意識的運用方法」。

　　比方說，如果將具有建設性的願望灌錄於錄音帶中，會發生什麼情況呢？這樣就可以用我們的表層意識所聽不到的頻率，把願望烙在潛意識之中。如此一來，我們的思考方式在不知不覺當中就會變得「積極化」，所有一切就能進行得非常順利。此時，我們並不需要特別的努力，只要放鬆心情，聆聽音樂即可。

　　還有一點，我們也不能忽略，就是由於實踐了「潛意識的運用方法」，就可以期待有益的「安慰劑效果」。相信「會有效果」而聆聽錄音帶，此一行為本身就能強化使用者的期待和信念。這種方法非常有助於將潛意識信息烙在潛意識之中。

　　在進行這方面之研究的美國，混合著「勇氣」、「健康」、「自信」、「瘦身美容」、「戒菸」、「提高性能力」等潛意識信息的「潛意識錄音帶」，非常受到大眾的歡迎。據說，在錄音帶市場，「潛意識錄音帶」佔有二成的銷售率。

潛意識是記憶的寶庫

潛意識的記憶力非常驚人，可以說是記憶的無限寶庫。潛意識會將我們所有的經驗記錄下來；乍見之下似乎遺忘的事，在適當的條件下，也能重新出現在記憶之中。

前面提到過的「逆向催眠」就是其中的一個例子。

被催眠者會依據催眠師的暗示，栩栩如生地憶起自己還是嬰兒時期的情景。其中有些情況是潛意識杜撰出的適合於暗示的記憶，而非真正的回憶。

不過，許多報告指出，有些被催眠的人能夠回憶起應當只有父母親才曉得的事。從這種不可動搖的證據來看，被催眠者確實是憶起了嬰兒時期的情景。

雖然不見得每個人都能回憶起嬰兒時期的情形，但從上述的內容可以了解，我們的記憶絕對不會消失。不知讀者有沒有在搬家，整理房間時，看到以前的相片、日記或令自己非常感動的書籍這種經驗？在那種情況下，你是不是會在懷念之餘，目不轉睛地凝視著手上的東西？由於這種促發，平常收納於心中的一個角落，幾乎回想不起來的前塵往事就會恍如昨日般，鮮明地浮現在腦際。

卞費爾德博士的實驗

不過，顯示大腦卓越之記憶能力最有名的實驗，不管怎麼說，還是非蒙特利爾神經學研究所的卞費爾德博士的實驗莫屬。

卞費爾德博士在偶然的情況下，發現了大腦掌管記憶的部分。

事情的經過是：卞費爾德博士曾經針對癲癇症狀進行研究。他認為癲癇的病因促發於大腦的某個部分。於是，他對患者實施大腦部分切除手術。手術之後，患者的癲癇病狀獲得了極大的改善。

動手術之前，卞費爾德博士先用電氣刺激癲癇患者顳葉的各個部分。這是避免誤傷腦部的重要部位，所必須進行的事前準備工作。檢查了患者對刺激的反應，就能夠弄清楚腦部接受刺激之部位的機能。由於只是部分麻醉，卞費爾德博士可以直接詢問患者有什麼樣的感覺？

在這個過程之中，卞費爾德博士了解到某個部位與手的感覺有關，某個部位與嘴唇有關，其他部位則與腳有所關聯。於是，他就一個接一個地了解腦部的各項機能。

其後，有一天，卞費爾德博士刺激到患者顳葉的某個部位時，這個癲癇患者突然非常鮮明地憶起他小時候的諸多往事：慶生會時

的情景、平時無意中說出來的話、從收音機中流瀉出來的音樂，乃至於像是被大人如和風吹拂般撫摸臉頰的感覺，無不生動逼真地浮現於眼前。那種情況簡直就像是把自己的一生拍攝成錄影帶，然後在眼前一幕幕地播放出來。

對患者這樣的反應，卜費爾德博士大感吃驚。其後，他從千餘次的手術中，累積了不少這方面的經驗。結果確定了腦部顳葉的某個部位儲存著我們的記憶。

我們從出生到死亡這段期間所有的記憶，都詳細地記錄在腦部裡。卜費爾德博士就以「我們的頭腦中有一台錄影機」這句話，來形容人類的頭腦。

就這樣，卜費爾德博士進行手術的記錄影片已經成為珍貴的研究材料，被妥善地保存於加拿大國立電影資料館。

有關記憶的話題

繼卜費爾德博士起先驅作用的研究之後，有關腦部記憶的研究也有進一步的發展。在這裡就簡單介紹一下，近幾年來有關「記

憶」的學說。

最近的大腦生理學查明了一件事實：所謂「記憶」，就是腦細胞與腦細胞之間，透過神經元突觸（將腦細胞的樹狀突起結合起來的部分）的結合，所形成的網路組織。

最先形成記憶的是位於腦部深處，稱為「海馬」的組織。腦部的海馬組織，從斷面照片來看，形狀確實與海馬一模一樣。

由五感（視覺、聽覺、嗅覺、味覺、觸覺）所引起的刺激，成為訊息，傳至海馬。此時會產生一種化學物質。使得海馬組織中特定的神經細胞之間的結合增強。於是，就會在海馬中的腦細胞之間形成網路組織，製造出記憶。

因此，若是海馬組織受到損傷，就無法製造記憶。比方說，自己方才吃過什麼食物，或什麼都沒吃，和人家聊天時，別人問過的話、自己的回答，都完全不記得。

另外，上了年紀之後，年輕時的事情記得清清楚楚，但新的事物卻不容易記住。這種「記性越來越不好」的現象也與海馬組織有關。換句話說，海馬最怕氧氣不足；當腦血管老化時，海馬組織就會受到損傷。因此，人老了，就很難形成新的記憶。

可是，由海馬組織所製造出來的記憶是暫時性的，經過一段時

間之後即行消失。所以，人類的腦部會將海馬組織壓縮，重新儲存在屬於大腦新皮質之一部分的顳葉之中。此時，腦神經細胞所形成的網路組織會更換為最不浪費的方式，永久地刻畫在腦中。像這樣，一旦記錄在顳葉之後，這種排列方式，至死都不會改變。

最近有一種學說主張，人在睡眠時，腦部最終會將記憶烙入顳葉之中。做夢便是在進行烙入作業的過程中，因腦內受到刺激，重新出現各種片段的記憶所產生的現象。

在學習外語時，經常有人說：「若是連說夢話都用外語講，就可說是真的學會了。」連做夢都會說出外國話，那是記憶牢牢地烙在腦部顳葉的證據。從這層意義來講，此句格言之所以會產生，也不是沒有理由。

再者，我們過去的經驗是銘刻於腦部顳葉裡，從這個部位受到損傷時就會喪失記憶的事實，也可以獲得證明。若是這個部位受到損傷，有時甚至連自己的姓名、住處、父母或情人，都會想不出來。

墨菲博士對潛意識和記憶的見解

我們不清楚墨菲博士是不是知道卞費爾德博士的實驗，以及最近的大腦生理學研究的成果？不過，看了墨菲博士下述的一番話，可以確定，他也發現到同樣的真理——

　　你的潛意識就是一個磁碟。你在童年時所感受到的信念、印象、意見和想法，都會一個不剩地烙在潛意識之中。

墨菲博士曾經提到一則軼事，顯示出潛意識無垠無涯的記憶力。故事的內容如下。

有一位 25 歲、不識字的年輕婦女，在發高燒的時候，突然以莊重的口吻，而且音調清晰地說起了拉丁語、希臘語、希伯來語。

根據醫生的調查，這位婦女曾經接受一位熱心於慈善工作的老牧師救過，有一陣子住在這位牧師家中。這位博學多識的牧師有一個習慣，就是當他在閱讀以希伯來文寫成的猶太教拉比用的書籍，或以希臘文、拉丁語寫成的天主教神父用的書籍時，都會有發出聲

音朗讀的習慣。後來醫生證實了她所說的夢話，與那位牧師的書籍內容完全一致。

　　她的表層意識因為發燒而停止活動時，烙在潛意識中的記憶就釋放出來，她以前所聽過的拉丁語、希臘語等語言遂重現出來。

精神訓練

　　「精神訓練」就是將潛意識的理論應用在運動方面的一種。這項研究在美國非常盛行。

　　這種精神訓練是從舊蘇聯開始展開研究的，但受到全世界矚目的則是洛杉磯奧林匹克運動會時，美國選手團的活躍情況。其後，精神訓練就為世界各國所採用，就連高爾夫和網球的訓練方法也引進這種技巧，引人注目。

　　日本自一九九一年以後，在田徑方面也採納精神訓練，作為加強選手技能的策略，並在女子馬拉松競賽中獲得豐碩的成果。

　　首先，在翌年的大阪國際女子馬拉松賽中，小鴨選手取得冠軍。一九九三年，同樣是在大阪國際女子馬拉松賽中，由淺利選手

拔得頭籌。淺利選手同年在斯圖加特（德國西南部城市）世界田徑冠軍賽中，登上冠軍寶座，一躍而成為日本長距離賽跑的王牌選手。另外，同年在巴黎舉行的馬拉松競賽中，吉田選手也不負眾望，獲得冠軍。

其後，在一九九四年的大阪國際女子馬拉松競賽中，藤村選手和淺利選手刷新了日本的記錄。一九九五年的紐約中程馬拉松和國際女子馬拉松競賽，淺利選手持續進擊，取得輝煌的勝利。

那麼，精神訓練應該如何進行呢？首先必須從了解精神訓練的重要性，亦即精神面在體育比賽中的重要性開始做；其後再進行放鬆、整面思考、心理演練等訓練。

在治療疾病那一節當中，筆者在之前已加以介紹過。

在精神訓練方面，光是了解理論還不夠，必須付諸實踐，學習其中的訣竅才行。理論和實踐宛如「精神訓練」這輛車子的兩個車輪，缺一就無法完成。

關於放鬆的重要性，是不必說明，大家都能夠知道的道理。藉由放鬆，潛意識就可以進入被動的狀態，容易接受暗兆。所謂「正向思考」，就是不論處在什麼狀況之下，都要掌握建設性思考的積

極態度。這可說是遵循「墨菲成功法則」所展開的行動。至於「心理演練」，指的是應用想像力所進行的實戰訓練。腦海中一邊浮現出比賽時的情景，一邊生動地想像著自己在運動場中活躍的景象，最後取得勝利的畫面。

曾經打過幾次高爾夫球的人，可能都有這樣的經驗──

在想把球打過山谷或水池時，雖然心想：「絕不能讓球掉落山谷或水池。」可是，球卻往谷底或水池，一直線地飛了過去。高桿的打者給我們的建議是：「揮桿時，心中不要有山谷或水池就在眼前的念頭。」

這種說法與精神訓的理論正好合拍。若能掌握想像的竅門，在現實生活中就能透過想像發展下去。可是，如果沒有經過事前的訓練，事到臨頭，就很難在心裡面描繪出成功的景象。只要心中有著擊不到球的恐懼（不好的想像），擔心的事一定會發生。

想像具有強大的威力。關於意向和想像的問題，墨菲博士引用了心理專家威廉‧詹姆斯的名言加以強調：「當意向與想像競爭時，想像一定會獲勝。」

那麼，應該怎麼做才好呢？

　　一般認為，只要平常進行心理演練即可。比方說，就寢前，在全身放鬆的狀況下，可以想像一桿揮過山谷的景象。若能想像到競爭對手發出——「好球！」的讚賞聲，那就成功了。這樣一來，參加比賽時，一定可以得到非常好的成績。

不可思議的學習方法——超級學習法

　　一九六〇年代後半期，保加利亞的洛查諾夫博士在「自我暗示學研究所」的一間教室中，邀集了十五名從 22 歲到 60 歲的男女。他們都沒有學過法語，洛查諾夫博士以他們作為實驗的對象，在一天的時間內，教他們法語的單字。

　　上完課，洛查諾夫博士就考他們。結果平均每個人記住了一千個單字。一千字足以與我們國中生三年之間所學的英語單字相匹敵。更令人驚訝的是，接受實驗的人完全看不出疲倦的神情，反而顯得很輕鬆的樣子。

　　洛查諾夫博士所運用的方法就是「加速學習法」，亦即「超級學習法」。

其後，西班牙、美國也盛行研究「超級學習法」。資質普通的人僅需要數個禮拜就唸完一年學分的例子，多得不可勝數！

所謂「超級學習法」，到底是怎麼事呢？其本質極為單純、明瞭，主要是用在記憶法上。在某個層面上，亦可稱之為「墨菲成功法則」的科學實踐方法。

「超級學習法」是從去除妨礙實力之發揮的想法，（例如：這樣的事，我做不到！）相信自己體內潛藏著無限潛力的訓練做起。如此一來，可以讓正面思考在自己的心中扎根。

以墨菲博士的說法來講，就是做這樣的訓練——「確信自己體內具有潛意識廣大無邊的力量。」

接下來，就是掌握讓自己全身放鬆的技巧。因此「超級學習法」中也採納了「呼吸法」。在進行「呼吸法」的狀態下，同時想像著自己成功的情景。

然後，在全身放鬆的狀態下，一邊聆聽拍子緩慢的巴洛克音樂，一邊收聽學習錄音帶。錄音帶的結構是混合著不會讓人聽膩的普通口氣、輕聲細語和命令口氣三種不同的口吻錄製而成。

從上述的內容來看，「超級學習法」與「精神訓練」有著非常

相似之處。兩者除了強調放鬆和正面思考的重要性之外，也確立了達成目標的方法。

　　另外，堅信人類擁有無限可能性，是「超級學習法」的基礎。這一點，我們也不能加以忽略。超級學習法會在「新思維」的發源地——美國——受到廣大群眾的喜愛，並不是完全沒有道理的。

墨菲理論可以應用在任何方面

　　雖然墨菲博士具有廣博的科學知識，和對潛意識的深入了解。但是，在他的著作中卻沒有直接引用「精神訓練」和「超級學習法」的例子。

　　然而，在各位讀者閱讀了第十章「墨菲博士強力推薦的冥想法」之後，應當可以了解這兩種技巧都是「墨菲成功法則」在特定範疇上的應用。

　　「精神訓練」和「超級學習法」這兩種技巧的根本乃是在於以樂觀的態度相信人類潛在的腦力，和由此引伸出來的技巧。

　　這正是墨菲團隊的「新思維」派思想最大的特徵。從這個意義

上來講，「精神訓練」和「超級學習法」所獲的卓越成績可以說是與「安慰劑」相同，都是墨菲理論具有現實機能的有力例證。

　　不過，墨菲理論顯然比這些效果和技巧更為優異。這是因為墨菲理論具有廣泛性和普遍性之故。

　　「安慰劑效果」是「墨菲成功法則」在治療方面的運用，「精神訓練」是「墨菲成功法則」在運動方面的應用，而「超級學習法」則是「墨菲成功法則」在記憶、學習方面的應用。除此之外，尚未應用到其他範疇。

　　另一方面，「墨菲成功法則」的適用範圍並不限於疾病的治療、記憶及學習的領域，或在運動比賽中的實力發揮上。正如第一章所述，「墨菲成功法則」對什麼都適用──只要是建設性的願望，如「事業成功」、「找到情投意合的戀愛對象」、「克服自卑感」等，皆可應用「墨菲成功法則」來達成。

　　一般認為：墨菲理論是普遍性的經驗科學。原因就在這裡！

Chapter 4

會左右你的人生

——潛意識實現願望的結構

為什麼將願望烙在潛意識之中，就可以實現願望呢？還有，在什麼狀況下，適合將實現願望的念頭烙在潛意識裡呢？

實現願望的結構

　　到目前為止，我們已經以「平時我們的想法和行為，是否受到我們意識不到的心理層面，亦即潛意識所左右」這個事實為中心做了研討。另外，也探索了我們生而具有，不可思議的記憶力和理解力。人類這種非比尋常的潛在腦力和潛意識，真是讓人目瞪口呆，大歎造化之神妙。

　　把自己的願望作為暗示，成功地交給潛意識處理之後，會發生什麼情況呢？

　　關於這一點，墨菲博士有如下的說明——

　　潛意識完全支記我們肉體的各項機能和狀況。不管是什麼樣的想法，只要成功地烙入潛意識個人不可思議的潛在腦力馬上就會在無意識之中，朝著達成願望這個目標總動員起來。

　　更具體地說，首先，潛意識會將你過去所經到的一切事情，當作龐大的知識儲存起來。正如前面所述，潛意識擁有不可思議的知覺能力和記憶力，它所儲存的知識、資訊量，超過我們所能想像。

　　其次，潛意識在無意識之中，會以如此龐大的知識，資訊為線

索，找出解決問題的對策。潛意識不會休息；即使表層意識在夜間睡眠時，潛意識依然持續不斷地在進行分析作業。

因此，我們才會經常在夢中獲得懸而未決之問題的答案，或在偶然的情況下，突然閃現絕佳的創意。

請各位回顧一下科學史，就可以了解，歷史上的偉大發現全都是借助於潛意識而完成的。在洗澡時發現阿基米德定律的阿基米德；看到蘋果落地而領悟萬有引力定律的牛頓；昏昏沉沉中看到一條蛇著自己的尾巴，在地上打滾的幻影，忽然想出苯環的分子結構的克夫雷──皆為典型的例子。

總之，如果將實現願望的念頭烙在潛意識裡，潛意識不可思議的知覺能力和記憶力等所有的潛在腦力將會以實現願望為目標，總動員起來。

有關腦波的內容

那麼，身體處於什麼狀況時，才可以將願望烙在潛意識之中

呢？在這裡，我們暫時稱這種狀況為「θ狀態」。要是能夠客觀地掌握「θ狀態」，其價值將無可限量。

如果能夠客觀地了解到什麼時候是「θ狀態」，應該就可以曉得在什麼環境之下，能夠引起「θ狀態」。這樣一來，只要能夠整理出這個環境，就隨時可以創造出「θ狀態」。之後，只要把建設性的願望烙在潛意識裡即可。

若真能如此，就能像前幾章所述的，必然可以藉由潛意識的力量，實現你的願望。若能知道什麼是「θ狀態」，就可以獲得通向「宇宙心靈」之門扉的「祕密鑰匙」。

這支「祕密鑰匙」是實際存在的，那就是——腦波。

所謂「腦波」，就是腦細胞自然發出的波狀電流。腦波會因我們的心理與身體狀態，產生不同的頻率。腦波可以視為是表示我們「意識得到的心理層面」——表層意識的活動程度。換句話說，當腦波又快又活潑時，表層意識的活動程度就比較高；當腦波一緩慢下來時，表層意識的活動程度就處於降低的狀態。

前面提到過：「潛意識和表層意識不能同時活動。」因此，在腦波變得緩慢，表層意識的活動適度降低時，一般推測，潛意識的活動可能會活潑起來。從科學的觀點來講，這的確是事實。關於這

個問題，在此再稍微詳細地予以說明。

　　腦波的活動單位用「赫」表示，1 赫指的就是「一秒鐘振動一次」。依照赫數的不同，腦波可以分為好幾種。

　　腦波最快的是稱為「γ 波」的狀態。此時，腦波的頻率超過30 赫，表層意識的活動非常活躍。人在極度興奮或勃然大怒時，「γ 波」就會比其他腦波佔優勢。

　　當「γ 波」出現時，潛意識完全不會產生作用。

　　速度僅次於「γ 波」的是「β 波」的狀態。此時，腦波在13～30 赫之間。平常我們白天張開眼睛讀書、與人議論或計算等等，熱烈地展開活動時，這種腦波就比其他腦波佔優勢。

　　雜念繁多時，速度幾近 30 赫的「β 波」比集中精神於讀書時的腦波佔優勢。當「β 波」佔優勢時，據說就會出現不安、緊張等身心陷入壓力的狀態。

　　在「β 波」的狀態之下，潛意識同樣無法發揮作用。

「α波」使人類富於創造性

終於輪到「α波」上場了。「α波」與下述的「θ波」，在有效地利用潛意識方面，同樣都是具有非常重要之功能的腦波。此時，腦波的週期為 7～113 赫。

「α波」亦稱「放鬆的腦波」。這是在閉上眼睛，靜靜地聆聽自己喜歡的音樂，以及冥想之際最容易出現的腦波。

在腦波中的「α波」佔優勢的狀態（這種狀態稱為：α波控制狀態）時，人的創造性就會豐富起來，腦子裡很容易浮現出獨創性的觀點。這是為什麼？其中的關鍵，目前正處於即將解開的階段。

據說，平常作用紊亂的右腦和左腦的腦波在「α波」作用時，會採取同一步調。事實上，這種同一步調的作用，就是解開謎團的關鍵所在。

眾所周知，左腦和右腦的機能相異。

左腦主要職司邏輯性的思考，右腦則掌管空間上的把握及藝術上的感覺。計算或議論時，由左腦進行，聽音樂時是由右腦帶動。

我們當然不能輕易地下結論說：將人的左腦切除，就完全無法進行邏輯性的思考；將右腦切除，就會變得完全不懂得藝術。因

為，就算切除了頭腦的一部分，剩下的部分還是具有填補被切除部分之機能的作用。

不過，從前述的卜費爾德博士走在時代尖端的研究來看，至少可看出，頭腦各部位所職司的功能確有不同，這是毫無疑問的。

左腦和右腦的角色分擔，不同的民族也有所差異。關於這一點，我們可以舉出一個有趣的研究報告，與各位讀者分享。

東京醫科齒科大學的名譽教授角田博士發現，東方人與西方人以腦部不同的部位聆聽昆蟲的鳴叫聲。東方人以聽得懂富於感情的聲音之左腦聆聽昆蟲的鳴叫聲，西方人用的則是同時聽取雜音的右腦。因此，據說，對東方人來講，秋景詩中常見的悅耳蟲鳴，西洋人聽起來，只是成了一些不忍入耳的雜音。

附帶一提，角田博士指出，東方人有過度使用左腦的傾向——語音、計算等屬於理或的範疇，哭聲、笑聲等屬於傷感的方面，以及蟲鳴鳥叫、潺潺流水、海濤等大自然的聲音，全由左腦處理。

另一方面，西方人似乎是讓左腦專司語言及計算這種屬於理性的範疇，右腦則處理音樂及其他事項。

因此，同樣是昆蟲的鳴叫聲，由於民族的不同，執掌聆聽的腦部部位便有所差異。

　　有了這種差異，某些民族聽起來是可以憑添情趣的聲音，另一個民族聽來就可能只是一種雜音罷了。

　　獨創性的概念，光憑以前的見解，很難浮現腦際。在思索新的構想時，必須改變觀點，從各種角度觀察事物。如此一來，以前連想都不曾想過的創見就會浮上心頭，解決問題就有可能了。

　　一般認為，在處於 α 控制的狀態之際，右腦和左腦的腦波產生的同一步調現象是平常具有不同機能的左右腦之間互相交換信息的證據。換句話說，左腦進行邏輯性思考之同時，從右腦的觀點也會發出完全不同的看法。這是解開「為什麼在 α 控制狀態之下，會浮現出獨創性想法？」這個謎團的關鍵。

學習與 α 波

　　在 α 波控制之際，就是身心放鬆，思維能力和集中力提高的時候。換言之，就是自己的實力做最大限度之發揮的時候。尤其是在緩慢的 α 波狀態下，記憶力和理解力都將大為提高，是進行學習時最為理想的狀態。

　　前面所介紹過的不可思議的學習法——超級學習法，也可以證實這一點。進行「超級學習法」時的腦波正是處於這種緩慢 α 波控制的狀態（中 α 波至低 α 波）下，這是眾所周知的事實。

　　另一方面，平常我們在計算東西時，則是處於 β 波控制的狀態下。但是，真正擅於計算的人，情況似乎有點不一樣。比方說，在算盤高手之中，有人心算能力非常強。有位小姐，她心算八段，可以在剎那間算出八位數的乘法、除法的答案。換成是一般人，就算用以不看鍵盤操作的方式打計算機，也無法跟上她的速度。這種類型的人在進行計算的過程中，腦波中行動的不是 β 波，而是由 α 波出來掌控。

運動與 α 波

　　據說，為使運動選手投揮最大的實力，就必須讓選手的腦部產生 α 波。運動時，適度的緊張是必要的。太過緊張或一點都不緊張的狀態下，都無法完全把實力發揮出來。賽前絲毫不緊張，一旦真的比賽時，就很難集中精神應戰。

　　一流選手通常不是因為不夠緊張而失敗，而大多是因為太過緊張，以致實力無法發揮所致。此時最重要的是放鬆心情，舒解過度的緊張。為此，可以讓腦波進入 α 控制的狀態。為了讓實力發揮出來，此時當然是處於最適度的緊張狀態之中。

幸福感、充實感與 α 波

　　幸福感、充實感與 α 波的關係也非常密切。運動之後，心情會覺得很舒暢，萌生非常幸福和充實的感覺。如果檢視此時的腦波，會發現是在 α 波控制的狀態之下。做完氣功或瑜伽以及慢跑或有氧舞蹈這種激烈的運動之後，腦波中就全是 α 波了。

　　就因為這樣，α 波的重要性，最近突然備受矚目起來。

使 α 波產生的方法

　　那麼，要怎樣才能使身體進入 α 波控制的狀態呢？

　　方法多種多樣；但最重要的是，必須讓身心放鬆！

　　我們再來回顧一下「超級學習法」的技巧。前面過，在應用「超級學習法」進行學習時，使用了令人身心舒暢的巴洛克音樂。

　　眾所周知，音樂是透導出 α 波，威力非常強大的武器。尤其是莫札特等大師級人物的古典名典，仔細研究的話，可以發現他們的音樂當中都含有大量「1／f 波動成分」。這種「1／f 波動成分」也可以從瀑布、海濤等大自然的聲音中覺察到。當我們聽到含有「1／f 波動成分」的聲音時，生理上可以感到非常舒暢。

冥想的腦波 θ 波

　　比 α 波更緩慢的是 θ 波。θ 波是速度 4～7 赫的腦波，出現在剛睡著，意識朦朧的時候。但很多人都知道，在進入像瑜伽或坐禪那種深沉的冥想狀態時，也會出現 θ 波。

　　後者稱為「覺醒的 θ 波」。在這種覺醒的 θ 波控制的狀態下，是最容易對潛意識進行暗示的時候。另外，這也是非常容易獲得靈感和發揮創意的狀態，可以說，潛意識取之不盡，用之不竭的腦

力，可以不受表層意識的妨礙，盡情發揮。

　　從有效運用潛意識腦力，使願望實現的意義看，覺醒的 θ 波可說是最重要的腦波。

　　前面曾經提到，「潛意識和表層意識不能同時活動。」不過，在覺醒的 θ 波控制的狀態之下，表層意識的活動程度會大為降低，潛意識則浮出表面。兩者的界限可以說非常模糊，幾乎已經呈現相互融合的狀態。

　　在覺醒的 θ 波控制的狀態下，亦即是表層意識活動程度降低的時候。表層意識平常是扮演著門衛的角色，不讓錯誤的暗示進入潛意識。因此，當表層意識活動程度降低的時候，就非常容易將暗示烙在潛意識之中。

　　所以，為了實現願望，最好是積極地營造出覺醒的 θ 波控制的狀態，藉由想像已經實現願望的情景，將願望烙在潛意識深層。

　　在本章的開頭部分曾說過，最適合把願望烙在潛意識裡的身心狀態，我們暫且稱之為「 θ 狀態」。正如各位已經知道，這是指「覺醒的 θ 波控制」的狀態。

針對願望，獲得答案

到目前為止，我們已經從「將願望烙在潛意識之中」這個層面，大致說明了有關 θ 波的內容。一般認為，想要向潛意識求取答案，最理想的就是處於 θ 波的狀態。

墨菲博士說過：「我們經常在夢中獲得懸而未決之問題的答案，或在偶然的情況下，突然閃現絕佳的創意。」從腦波的觀點來看，此時的腦波情況必然是 θ 波控制的狀態。

關於這一點，在以下「 δ 波」的項目中再做說明。

睡眠中的腦波 δ 波

最後要敘述的是 δ 波。 δ 波是腦波未滿 4 赫的狀態。在受到 δ 波控制時。就處於睡眠狀態，此時表層意識完全停止活動。

當頭腦受到 δ 波控制時，我們可以視為是潛意識完全支配身體的時候。此時，表層意識已經沒有出場的機會了。

睡眠的目的不單只是休息而已；對我們的成長和發展，睡眠也

是不可欠缺的一環。小孩子在睡眠中成長，同時在腦部的顳葉上形成記憶。另外，墨菲博士還指出，良質的睡眠對治療疾病非常重要。他說：

> 在睡眠當中，由於沒有表層意識的妨礙，病情可以很快獲得痊癒。睡眠時，對五感的世界而言，你是在睡的狀態；但對潛意識的智慧和力量來講，則是覺醒的。

不過，在 δ 波支配的狀態下，也不會聽任暗示烙在潛意識之中。因為此時完全無法進行邏輯性的思考，甚至連暗示都無法浮現出來。因此，為了實現願望，必須在腦波成為 δ 波之前，亦即處於 θ 波的狀態時，將願望烙入潛意識。這樣一來，即使是在睡眠中，你的潛意識也不會休息，繼續為實現你的願望而發揮作用。

睡眠中，在 δ 波控制的時段裡，就算從潛意識上求得答案，若無法與潛意議接觸，我們也無從拿到答案。因此，潛意識雖擁有無限的腦力，我們也不能好好加以利用。

然而，幸運的是，我們在睡眠中並非一直都處在 δ 波波控制的狀態下，此即所謂的 REM（Rapid Eye Movement）就是指夜間睡

眠時眼睛的跳動。

大家都曉得，處於 REM 睡眠的狀態時，雖然我們正在做夢，但腦波卻受到 θ 波的控制。從有效利用潛意識的觀點來看，所謂「夢」，就是我們在睡眠中，由潛意識找到的「答案」反饋於表層意識的構造。

關於這個問題，我們將在後頭舉出幾個實例詳細說明。其實，從夢中獲得與願望有關的答案並不少見。不如這麼說，作為有效利用潛意識的方法來講，做夢是最有效的武器。墨菲博士也建議我們，積極「在夢中求得答案」。正如墨菲博士所主張的那樣，從有效利用潛意識之力量的觀點來看，睡眠扮演著非常重要角色。

內源性嗎啡樣物質

前面已經說明過，在發揮實力，有效地利用潛意識時，α 波和 θ 波的重要性，相信各位都已經了解。在這種腦波的狀態之下，身體上、生理上也會產生變化。墨菲博士以「我們每個人的頭腦都是一間化學實驗室」這句話來形容這種現象。

　　在這裡我們舉兩個典型的例子，做一番說明——

　　其中一個是「內源性嗎啡樣物質」的內啡肽（endorphin）。正如在催眠術的「控制痛覺」那一項所敘述的，β內啡肽具有比嗎啡強達數倍的鎮痛作用。另外，從最近的研究中得知，β內啡肽不僅具有鎮痛的作用，也與幸福感、充實感、免疫能力有著密切的關係。認為偽藥治癒疾病的「安慰劑效果」與β內啡肽有關的說法，在今天也非常具有權威性。

　　另一種是多巴胺（dopamine）。多巴胺是由腦幹（比大腦、小腦更裡面的腦）中，稱為 A10 神經核這個地方所分泌出來的物質，具有與覺醒劑相同的作用。A10 神經也叫作「快感神經」，如果強烈刺激此處，可以獲得快感。藉著食慾或性慾的滿足，或透過精神活動的充實，都會分泌多巴胺，讓人得到快感。

　　前面說過，α波控制的狀態與幸福感有關。但那不是α波本身所帶來的幸福感，而是此時腦內大量分泌內啡肽與多巴胺等等荷爾蒙所致。

Chapter

「宇宙心靈」
超越三度空間

──人與人之間的宇宙心靈是相通的

近年來有關潛意識的研究以及潛意識可以
實現願望的結構，墨菲博士的前瞻性眼光，值
得推崇。

墨菲理論的前瞻性

關於潛意識最新科學的研究成果，不僅證明了墨菲博士所極力主張之潛意識性質的正確性，我們甚至可以說：「科學的研究緊跟著墨菲博士對潛意識的認識之後而展開，並且好不容易才追上了一部分。」

比方說，前面已經介紹過的「精神訓練」和「超級學習法」，各自將焦點置於運動和記憶法等特定的領域上，可以視為是非常優異的「墨菲成功法則」的實踐方法。然而，「墨菲成功法則」所強調的是，只要是建設性的願望，不管在任何領域，任何願望都可以實現。所以，在「廣泛性」和「普遍性」上，比起「精神訓練」和「超級學習法」，「墨菲成功法則」都更來得更為優異。

另外，關於腦波的內容，墨菲博士並沒有與腦波的狀態建立關聯，以說明自己的理論。但是，墨菲博士所推薦的實現願望的技巧，顯然就是讓腦波形成覺醒 θ 波的技巧。

這樣看來，墨菲理論的前瞻性就更為明顯了。

　　到目前為止，宇宙心靈已經說明了「墨菲成功法則」所教導我們的實現願望的力量之泉源就是我們取之不盡，用之不竭的內在記憶力、判斷力，亦即我們所掌握的潛在腦力。

　　我們每個人都擁有這種絕佳的金礦脈，只要精通有效地利用腦力的方法，你的願望一定可以實現。

　　事實上，關於有效地利用這種潛在腦力之技巧的書籍數量極多，市面上處處可見。

　　然而，從墨菲博士「潛意識與宇宙心靈的力量」的全貌來看，到目前為止的說明，不過是冰山之一角而已。不管我們的知覺能力、記憶力等等多麼優異，這種腦力不過是潛在腦力、潛意識作用的一部分罷了。

　　這到底是怎麼一回事呢？我們可以把答案歸納為墨菲博士下述的一段話：

　　　　潛意識沒有時空這種三度空間的限制；潛意識超越三度空間。因此，烙在潛意識之中的信念一定可以成為你的人生經驗，並予以具體化。

　　因此，墨菲博士大膽指出「潛意識超越時間和空間」和「潛意識不僅左右我們的身體和意向，甚至可以影響外部的環境」這兩件事實。

　　這正是墨非理論這種走在時代尖端的經驗科學，自然科學至今仍無法企及的領域。

潛意識超越三度空間——神祕的「宇宙心靈」

　　墨菲博士所反覆強調的，「我們的潛意識與更普遍性的『宇宙心靈』相通」這一點。「宇宙心靈」正是創造出萬有的根源，完全超越了時空這種三度空間的限制。

　　這種「宇宙心靈」並不是能夠透過我們的五感去聽、去看、去直接認識的對象，也不是我們在日常生活中所能證實的事項。因此，如果對照「常識」來看，很難讓人認同「宇宙心靈」的存在。

　　可是，「常識」果真就絕對正確嗎？事實絕非如此！毋寧說，世間很多事情，都不是能夠藉由常識去判斷出真偽的。

　　比方說，愛因斯坦的「相對論」及波爾的「量子物理學」，在

物理的世界中被認定是真理。但是，如果對照我們日常的「常識」判斷時，就會覺得那是荒唐無稽的事情。因為時間的前進方向會受到重力所左右，以及一個電子朝著挖了兩個洞的牆壁飛去，同時會穿過那兩個洞的現象，在日常生活中絕對不可能發生。

　　本書不單只是介紹成功法則的方法，更以闡明墨菲博士所主張的「墨菲成功理論」與「宇宙心靈」的整體關係為目的。為了真正地深入了解墨菲理論，各位務必對超越個人經驗的潛意識之本質詳加體會才行。要是各位能夠熟讀本書的內容，一定可以理解潛藏在所有人類心中的潛在腦力，其難以估計的可能性和優異之處。

　　以下將舉出具體的例子，藉以解說形成墨菲成功理論之基礎的潛意識與「宇宙心靈」的關係。

　　請你務必深入了解潛意識的性質，掌握以潛意識為基礎的實現願望之技巧。若能如此，就一定可以實現你的願望，度過一個充實而絢麗的人生。

以科學方法研究「超能力」的困難之處

人類所擁有的超越五感的那部分之腦力，稱為「超能力」。

美國杜克大學的萊恩博士是研究超能力的先驅者，在這方面獲得了相當不錯的成果。萊恩博士使用 ESP 卡，從事積極的研究，探究了人類腦力未可測知的一面。另外，舊蘇聯和中國大陸也正在積極地研究包括軍事用途在內的超能力。

萊恩博士是在一九三〇年後半期，正式著手「超能力」的研究。他在一九四六年所發表的〈人類擁有精神的科學證明〉這篇論文中，肯定地指出：「精神是獨立於人類頭腦之外的個別存在。」

這篇當時令人覺得新鮮又訝異的博士論文，現在讀起來仍不失其新鮮味兒。

在萊恩博士著手研究「超能力」之前，「超能力現象」被視為不可能成為科學研究的對象。在心靈研究方面，邀請特異功能者進行實際表演的情況大多真偽莫辨，簡直就像馬戲團秀一般。萊恩博士則非常細心地研究，不讓暗示或誤導影響到實驗的結果。而且，他採取統計學的方法，證明了超能力的存在。

　　不過，自萊恩博士以來，以科學方法研究超能力的專家，似乎並沒有獲致令人滿意的成果。其中包括幾個情況。

　　首先是他們的觀察及實驗方法大多經不起客觀的驗證。連承認精神感應的諾貝爾獎得獎人卡雷爾博士也感歎地說：「研究超能力及心靈現象的專家，其觀察和實驗的方法不充分的例子非常多。」

　　以過去已經成立的理論所無法說明的現象作為實驗觀察的對象時，必須非常謹慎地弄清楚實驗方法是否適當、計測值有沒有誤差等事項。為了讓他人能夠將自己實驗的結果照樣再加以實驗，就不能隱匿實驗環境，連研究過程的細節都必須公開。

　　然而，在研究超能力方面，研究者大多忽視了這一點，且輕易地將結果與超能力結合在一起。科學必須以「健全的懷疑主義」為基礎，許多超能力的研究在這一點都不及格。

　　關於這個問題，我經常會想到「飛蛾的本能」。以前大家都知道，雌蛾可以吸引遠在數公里外的雄蛾。雌蛾究竟用什麼吸引雄蛾呢？現在我們已經了解，那是因為雄蛾嗅到雌蛾散發出來的費洛蒙（昆蟲所分泌的，刺激同種昆蟲之化學物質）所致。可是，以前有很多人卻認為這是飛蛾的本能，誤認此本能正是動物具有超能力的明確證據。

　　在動物行為學方面建立了個人的權威，著有《人狗相遇》、《所羅門王的指環》等名著的諾貝爾獎得獎人洛倫茲（奧地利動物行為學家 Konrad Zaeharias Lorenz）對世人看到無法解釋的事情，馬上歸因於是動物的本能之傾向，提出下列的忠告：

　　　　無能的動物行為學專家面對過去的理論所無法說明的事實時，馬上拿出『本能』這個字眼來搪塞，因而讓人陷入似乎已經做過說明的錯覺之中。

　　其次，這種超能力現象大多虛偽不實。關於這一點，墨菲博士斷然說：「刊載在報章雜誌上的心靈預知，絕大多數沒有準確料中的前例；幾乎所有的心靈研究都是騙人的玩意兒。」

　　出現於電視節目中的超能力者，可以說是為了成名而使用騙術的現行犯。其中有人真的具有一點點超能力，但這種人在大眾媒體中嶄露頭角之後，大多馬上會變成神棍。不過，只要在電視上失手一次，過去所獲得的榮耀就會立即煙消雲散。儘管如此，在頻繁的電視演出當中，觀眾永遠無法滿足，要求超能力者表演的難度越來越高。因為無法負荷這種壓力，就不得不訴諸騙術。這是非常令人

遺憾的事。

另外，科學家對有一種度量狹窄的現象，他們拒絕承認自己的經驗所無法理解的事，這也是不容否認的事實。就從事自然科學的研究者而言，對超能力感到興趣，便可能意味著研究生涯的破滅。如果想要使用超自然現象等字眼，人們就會認為他形跡可疑，將他貼上「不科學」的標籤。

以現在的科學來講，對無法肯定和否定的現象，內心抱持著否定的態度，不是更不科學嗎？但一開始就不承認超能力，覺得這種話題本身是對知性的侮辱，這樣的人卻多得令人驚訝。

再者，潛意識所具有的力量，很難在統一的實驗環境下加以驗證，因為超能力往往會受到觀察者的主觀所影響。

這到底是怎麼一回事呢？因為在懷疑超能力的觀察者面前，超能力者也無法發揮超能力。相對而言，在確信超能力之存在的人面前，就能夠順利地進行實驗。

根據這個事實，對超能力心存疑慮的人一般的解釋是：「對容易受騙的人，騙術會有效；對冷靜的人，騙術就不適用。」所謂「超能力」，被視為是證明對方是騙子的證據。

可是，這種說法與事實有所出入。如果考慮到任何人內心深處

都彼此相通這種潛意識的性質，實驗的結果會因觀察者的信念不同而有所差異，也就沒有什麼好奇怪的了。

另外，要用什麼方式證實「預測未來的夢」是正確、還是錯誤呢？比方說，可以將做夢的內容記錄下來，再對照實際發生的事情，以檢驗預測未來的夢是否存在的實驗，結果大概會得到「根本沒有預測未來的夢」這個結論。

不管記不記得，人每天一定都會做好幾次夢。若是將愛德格·凱西（美國著名的超能力者）及墨菲博士這樣的人除外，一般人每天必做預測未來的夢是少之又少的。即使是屢屢夢到未來的人，其做普通夢的次數必然遠超過預測未來的夢。因此，就算事前將夢境記錄下來，以檢驗是否真能預測未來，大概也會得到「不過是偶然一致」的結論。

然而，預測未來的夢和普通的夢並不相同，夢到未來的人通常會有心驚肉跳感，且直覺地察覺自己所做的夢具有特別意義。

心理學家榮格和物理學家鮑利將「偶然的一致」區分為「單純的偶然一致」和「有意義的偶然一致」。預測未來的夢屬於「有意義的偶然一致」。然而，這種分類的標準完全根據觀察者的主觀而定。再者，在統一的實驗環境下，很難重現相同的結果。如此，作

為科學的觀察對象，可說是極為隨意和含糊的。

因此，人們對超能力的反應非常兩極化。即使面對的人是騙子，有些人還是會輕易地相信對方。另一方面，也有人打從一開始就拒絕相信超自然的現象；就算把明顯的證據擺在他面前，他也會堅決予以否認。再說，從超自然現象的性質來講，也很難成為科學的研究對象，這也是不容忽視的事實。

不過，擁有健全的懷疑態度，在研究上表現卓越的人，現實生活中倒也不少，對這方面的研究成果將可預期。隨著對「氣」的深入了解，關於超能力等超越個人腦力的科學研究，今後可望得到急遽的發展。

神祕學之可怕

想要正確地了解潛意識無限的力量，有一種現象絕對必須加以迴避。那就是意圖透過千里眼、精神感應或心靈現象等方式實驗願望，或是莫名其妙地懼怕遭到報應。神祕學風潮就是在這種情況下興起的。

　　神祕學不但與宇宙的生命力無關，反而是一種迷信，與消極的煩惱相結合。墨菲博士稱之為「眾生的心靈」。對神祕學感到興趣的人，並不相信自己內在的無限力量，卻一味地想要追求自己身外的力量。

　　墨菲博士警告這些人說：「相信自己無論怎麼樣都無法操控的外在力量，不是錯以為外在力量可以解救自己，就是淒慘地跪拜在命運之前。」

　　墨菲博士在他的著作中，反覆地否定研究神祕學的熱潮。他舉出很多實例，說明了因為相信占星術或命相師不吉利的預言，導致身敗名裂的後果。此外，對這類人精神發達的程度，墨菲博士不顧情面地說：「與畏懼火災或打雷等自然現象，以為在黑暗中會看到鬼的原始人處於同樣的程度。」

　　一言以蔽之，尚未確立自我，身心不成熟的人，才會對神祕學感到興趣。

　　神祕學與人類的弱點有著密切的關係。從歷史的觀點來看，神祕學常是孕育宗教狂熱分子的溫床。使我們的人生更為光輝燦爛的「墨菲成功法則」，不會要我們從眼前的殘酷現實中移開視線，而是教導我們必須深信自己內在的「宇宙無限的心靈」，以無比的勇

氣奔向現實！

對潛意識的正確認知

在對神祕學與「宇宙心靈」功能的認知上，是完全不相容的。

我們且就「墨菲成功法則」聯想一番！若想實踐「墨菲成功法則」，首先必須擁有正當的願望。實現正當的願望，會讓你和你周遭的人得到幸福。實現你的願望，絕對是一件正當的事情。你必須非常渴望能夠實現正當的願望才行。現在就衷心盼望能夠實現自己的願望，並且付諸努力。同時，必須將自己的願望烙在潛意識之中。這樣一來，「宇宙的生命力」就會讓你實現願望。

「宇宙的生命力」存在於所有人的內心深處。每個人的內心深處都有確信成功的因子。確信自己會成功的人，就不會懶惰。所謂「成功者」，不是逃避現實，自己欺騙自己的心靈，現在只有六十分，卻硬說自己是一百分的人；而是在心中描繪將來實現一百分時的情景，相信只要努力，現在雖然只有六十分，將來也必定可以獲得一百分的人。熱中於神祕學，從而依賴他人的人，完全無法感受

到這種心理過程！

　　目前對超越個人之意識的關心則形成一種趨勢，正逐步升高之中，眼看就要蔚成一股大的潮流。

　　比如在心理學的領域中，「超個人心理學」已經確立了第四勢力的地位。而關於氣功的不可思議之力量，有為數眾多的書籍和錄影帶，反覆地加以介紹。就連歸類於經營學的書籍當中，也直接強調「氣」和「思想」的力量，成為暢銷書而備受矚目。

所有個人共通的心靈——「新思維」的源流

　　我們的潛意識與更普遍的「宇宙心靈」相通，這個「宇宙心靈」正是創造萬有的泉源，超越了時空的限制。這是形成墨菲理論之框架的基本認識，同時也是拿破崙・希爾博士、皮爾博士、戴爾・卡耐基等「新思維」派的倡導者共同擁有的認識。

　　最先發現這個基本事實的，實際上並不是始自於墨菲博士。有一個人在墨菲博士之前就已經提倡過這種思想，對以墨菲理論為首

的「新思維」運動產生了巨大的影響,因而被呼為「新思維派教祖」——這個人就是美國的大哲學家愛默生。

關於「宇宙心靈」,愛默生說了下面的一段話:

> 所有個人有一個共通的心靈。所有人類都是邁入同一個心靈的入口,共同擁有相同的一顆心。曾經為這個道理所引導的人,在所有狀態之中,都被賦予自由。柏拉圖所感受到的情況,這個人也同樣感受得到;聖人感受到的情況,這個人也一樣感受得到。不論何時,發生在任何人身上的事,這個人都能理解。

愛默生這段話,闡明了一個事實:「我們的內心深處與一個心靈相通。」這「一個心靈」正是墨菲博士所說的「無限的知性」和「宇宙心靈」。

「宇宙心靈」具有以下幾個性質:

1.「宇宙心靈」是所有人共通的心靈

——從這層意義來講,「宇宙心靈」可說已超越了「個人」肉

體的界限。這一點就意味著，以「宇宙心靈」為媒介，所有人在內心深處都相通。尤其是母子或父子、夫婦那種親密的關係，不管距離多麼遙遠，內心都會互相感應。

2·「宇宙心靈」超越所有的時間和空間

　　——如果有效地利用潛意識，對未來和遠距離以外的事全都可以知道，其原因就在這裡。

3·「宇宙心靈」是創生一切的根源

　　——在我們周遭所有發生的事件，所有遭逢的變故，都包含在「宇宙心靈」之中。

榮格的「同時性」

　　獨立於墨菲博士等人所發起的新思維運動，也擁有潛意識超越時間與空間這種概念，著名的心理學者榮格和物理學者鮑利所提出的「同時性」的主張。

　　「同時性」也稱作「意義的一致」，意謂在夢裡或幻覺中所見到的事情，也會在現實生活中發生。

　　「同時性」可分為好幾種類型，但所有類型的內容都正好與墨菲博士所處理的對象相同，也是「將夢中的內容現實化」。

　　比方說夢到火災，幾天後就真的有人縱火而引起火災。

　　這種火災的夢不可能是現實生活中發生火災的直接原因，主要原因是有人縱火。從這層意義上來講，火災的夢與現實生活中所發生的火災之間，並沒有通常所謂的因果關係。可是，在內容上，關係卻極為密切。可說是存在著「某種東西」，而與單純的「偶然的一致」不盡相同。

　　這要怎麼說才好呢？請你試著想像下述的狀況——

　　　　颱風已經到了近海，電視新聞正在播報颱風的消息。數小
　　　時之後，颱風按照預報的情況登陸，房子的四周遭到暴風雨的
　　　侵襲、發生土石流，橋樑道路也被沖壞了⋯⋯

　　以「同時性」來講，颱風預報相當於夢境，而颱風則是現實生活中所發生的事情。「不久，颱風將會登陸⋯⋯」這個「颱風消

息」並不是後來「颱風登陸」的直接原因。以這層意義來講，兩者之間並無因果關係。

雖說如此，也不能因而就稱這種情況為「偶然的一致」。因為「遠在南方的海面上形成颱風，目前正朝著本地接近……」這個事實是帶來「颱風消息」與其後的「颱風登陸」的共同原因，兩者有著密切的關係。

另外，榮格所主張的「集體的無意識」的存在，也是非常有名的論點。

還有一位心理學大師佛洛伊德闡明了人類「意識不到的心理層面潛意識」，在罹患疾病時，其作用遠超過表層意識的道理。榮格使佛洛伊德的觀念更形發展，認為除了「個人的無意識」之外，還有「集體的無意識」存在。

從「民族性共通」的意義上來講，「集體的無意識」又稱為「民族的無意識」。而從「祖先世代相傳」的意義上來講，「集體的無意識」也可以稱作「原型」。榮格也指出，各民族的神話中，皆反映出此一「民族的無意識」。

墨菲博士也承認相當於榮格所提出的「集體的無意識」之現象的存在，他把它稱作「眾生的心靈」。

　　墨菲博士警告我們，不可透過潛意識與「眾生的心靈」相通，不可和「眾生的心靈」採取同一步調。因為「眾生的心靈」受到嫉妒、怨恨等負面的情緒所支配。墨菲博士強調：「願望必須是建設性的。」這是因為他認為，我們有必要配合更高的心靈──「宇宙心靈」──來提升自我。

佛教與「宇宙心靈」

　　「宇宙心靈」到底是什麼東西？以現代科學的方法很難說明它的結構。但是，中國的易經、老子的哲學、古代的印度教及佛教各學派，全都闡明了有關「宇宙心靈」的真髓。

　　曾經苦口婆心勸告大家不要相信占卜的墨菲博士，對易經也進行過詳細的研究，甚至還出版了有關易經的詳解書籍。在墨菲博士的著作中，也舉出了不少實例，指出某些參加他所舉辦的「易經研習會」的會員，因為做了易經的夢，獲得了懸而未決之問題的答案。另外，榮格也以研究易經而聞名。

　　我以前也熟讀過墨菲博士所寫的有關易經的原著，和榮格為威

爾漢姆寫序的名著《易——變化之書》（原著為德文），曾經試著為自己占卜過，結果真的非常驚人，占卜的事完全準確。

　　佛教對「宇宙心靈」的道理也有詳明的解說。詳細的內容可以參考第九章的說明。在此，我們可以看到《華嚴經》的宇宙觀，做個簡單的介紹。

　　假設這裡有許多鏡子，由於是鏡子，所以會互相反射出來。雖然每片鏡子都各自獨立，但如果我們思考一下就會明瞭：「所有的鏡子可以映入一個鏡子之中。」同樣的道理，我們也可以視宇宙所有的作用都包含在一個東西之中。華嚴經用「一即一切，一切即一」來說明這種現象。我們每一個人的心中都包含了整個宇宙。

　　最近有人以全息攝影術為譬喻，說明了華嚴經「一即一切，一切即一」的道理。

　　全息攝影術是使用「相位一致」的鐳射光，將一張照片拍出立體像。如果將鐳射光投射在拍照的對象上，再用鏡子使反射光和來自光源的投射光重疊，就可以把「相位差」記錄在照片上。

這種照片稱為「全息圖」。如果將鐳射光呈直角地投射在「全息圖」上，一旦從光源和相反的一側窺視照片，由於藉著干涉現象，會重現與拍照時相同的光束，因而能夠觀察到被拍照的對象呈現三度空間的立體像。姑且不談它的複雜性，曾進過迪士尼樂園中的「鬼屋」之人，應當聽過全息攝影術。在鬼屋裡面，可以看到鬼在跳舞，那就是全息攝影術製造出來的效果。

為什麼「宇宙心靈」可以用全息攝影術來比喻呢？那是因為用全息攝影術拍出來的照片，不管是一半，十分之一，百分之一，或多麼細小的部分，都可以被整體的訊息所包藏，重現整體的三次元立體像。（當然，隨著訊息越來越少，雜波就會越來越多，三次元立體像也會漸漸變得不鮮明起來。）換句話說，全息攝影術也出現了「一即一切，一切即一」的世界。

「宇宙心靈」與我們的潛在腦力

愛默生所說的每個人都有一個共通心靈，即「宇宙心靈」存在的事實，具體而言，意味著什麼呢？

　　那就是：你（一個普普通通的人）也擁有如同以下所陳述的潛在腦力。

1・危險的預知

　　有效地利用潛意識，就可以預知危險，加以迴避。俗語所說的「動物的預感」就是其中一個例子。墨菲博士對「夢」的作用評價很高。事實上，危險的訊息常以「預知之夢」這種形式出現。墨菲博士也因曾經為做了這種夢，度過了重大的危機。

　　再者，不只是本人，就連自己的骨肉至親即將發生危險時，自己有時也可以預知。總之，有效地利用潛意識，就可以解救自己，以及對自己來講非常重要的人之性命。

2・意識的交流

　　特別是像母子、父子、夫婦這種非常密切的關係，不管彼此相距多麼遙遠，內心都會互相感應，因而就可以預知骨肉至親即將發生的危險；有時也會脫離自己的身體（即所謂靈魂出竅），與骨肉至親相會，或留下某些訊息。

3・記憶幻覺

　　每個人都可以超越肉體這種三度空間的限制。最明顯的例子就是「記憶幻覺」的現象。墨菲博士自己也屢次經歷這種「記憶幻覺」的事情。

4・疾病的治療

　　由精神狀態所引起的疾病稱為「心因性疾病」。自我暗示對這種心因性疾病非常有效。另一方面，因體內器官受到物理性的損傷，稱為「器質性疾病」。一般認為，自我暗示對器質性疾病並沒有效果。

　　不過，墨菲博士卻指出，有些器質性疾病是由心理狀態所引起的。在這種情況下，只要精神恢復協調的狀態，就能夠讓疾病痊癒。另外，可以藉由「傳播信念」的方式，替病人治病。如果確信罹患疾病的哥哥可以痊癒，哥哥一定可以恢復健康。

　　關於「精神恢復協調的狀態，就能夠讓疾病痊癒」這一點，我們將在第六章以有名的「魯魯德之泉」的奇蹟為例詳加以介紹。

危險的預知

1・潛意識可以預知未來

如果有效地利用潛意識，就能夠防範危險於未然——它會以「預知之夢」這種形式，為我們顯示危險之情況。

為什麼做「夢」能夠預見未來呢？

那是因為我們在睡眠時不會受到表層意識的妨礙，從而潛意識就能夠生氣勃勃地展開活動。由於潛意識與「宇宙的生命力」有直接的關係，因而它可以在時空中自由移動，還可以前往未曾去過的地方，甚至可以預知未來。

墨菲博士自己本身也做過好幾次「預知之夢」，全都是他自己在睡眠前向潛意識求答案的結果。墨菲博士一生當中，在夢中預知了兩次大型戰爭。要是沒有事先知道的話，他可能無法逃避浩劫。

在這裡，我們且實際看看墨菲博士的親身經驗。

　　他的第一個「預知之夢」是有關日本偷襲珍珠港和太平洋戰爭爆發的夢。

　　一九三八年，有人邀請墨菲博士前往東方工作，條件非常

優渥。對博士來講,是否離開故鄉,前去異地就職,需要下很大的決心。

對是否接受這個具有無比吸引力的工作,墨菲博士決定藉由潛意識的引導,尋求正確的裁斷。於是,他就以下述的祈禱方式,將願望交給潛意識裁決。

「位於我潛意識中的『無限知性』知道所有的事情,會向我顯示正確的決定。」

墨菲博士在睡眠前,像唱搖籃曲那樣反唸誦好幾遍這段簡短的文字。就這樣,有一天晚上,墨菲博士的老朋友出現在他的夢中,向他說道:

「你看看紐約時報的標題。可不能去冒險唷!」

在夢中出現的報紙標題上,赫然出現「日本帝國海軍偷襲珍珠港」的字樣。

不用說,墨菲博士當然是拒絕了那份條件優渥的差事。

三十年後,墨菲博士又做了一個有關戰爭爆發的夢──與中東戰爭相關。

　　一九六七年初，墨菲博士的朋友來訪，邀請博士在五月時和他一起前往以色列、約旦等地進行巡迴演講。墨菲博士告訴他的朋友，等他仔細考慮之後，再予以答覆。

　　墨菲博士使用了與前次「是否該前往東方」同樣的方法，做了一個生動鮮明的夢。夢中，墨菲博士在《洛杉磯時報》和《市民報》的標題上看到「戰爭爆發」四個斗大的字。在夢中，他還目擊了以色列軍隊和阿拉伯聯軍之間展開了激烈的坦克戰和空戰。

　　從夢中驚醒之後，他立即打電話給他的那位朋友，說了夢中的內容。令人覺得不可思議的是，他的朋友也和他做了一個相同的夢。原來他的朋友也向潛意識祈禱，希望潛意識能夠給他一個指引。

於是，墨菲博士和他的朋友就取消了前往聖地的巡迴演講。

五個月後，第三次中東戰爭爆發，證明了這個決定的正確。

2‧有關女兒即將發生危險的預言

危險的預知不限於與自己有關的事。雖然用科學方法還沒有辦

法解釋得很清楚，但我們與親人之間確能透過一種可稱之為「精神感應」的無形之物，心心相繫。

接著要介紹的是，一位媽媽借助於潛意識的力量，預知自己女兒的危險，救了女兒性命的真人實事。

某個地方有一位婦人，她的女兒就讀高中，住在學校的宿舍。（美國採取學生全部寄宿的學校非常多。即使是高中生，大多必須離開家庭，在外面生活。）

這位婦人讀了墨菲博士的著作之後，養成了一個習慣：晚上臨睡前，一定會為女兒祈禱，求上帝保佑女兒的安全。

有一天晚上，她做了一個可怕的夢：她的女兒遭到一個年輕男子所強暴，然後被勒死。事情發生在一輛停在鄉間路上的汽車內……她驚叫一聲，就醒了過來。

於是，她就誠摯地祈禱，希望女兒安然無恙。

不久，她的情緒平穩下來，才又酣然入眠。

第二天一大早，她急忙打電話給女兒。不巧那天學校放假，電話沒辦法打進宿舍。到了那天晚上，她女兒就打電話回來了。她告訴媽媽下面的一段話——

　　昨天晚上，媽媽出現在她的夢中，告訴她：「那個男孩子
非常蠻橫粗暴，絕不可以和他一起出去兜風。」第二天早上，
那個男孩子真的來邀她出去兜風，她就推託自己身體不舒服、
可能生病了，而拒絕了對方的邀請。

　　沒想到她的室友願意代替她去。儘管她拼命制止，她的朋
友還是和那個男孩子出去了。結果，她的室友果真遭到那個男
孩子強暴，還差點被勒死，經人送進醫院急救。

3‧兒子的禱告救了父親

　　危險的預知並不限於經由「預知之夢」。再者，就像上述的例
子一般，不論距離多麼遙遠，只要對方與自己的關係非常親密，也
可以察覺到對方的危險。

　　下面所要介紹的例子，並不是做了預知之夢，而是因為當事人
覺得心驚肉跳，察覺到父親好像發生了危險。和上個例子一樣，他
也是藉由禱告，救了父親一條性命。

　　有一個男子開著車子朝向舊金山，行駛在高速公路上。就
在這時，他突然聽到父親的求救聲。他覺得心驚肉跳，就將車

子停在高速公路路旁，為他父親的安全禱告。

禱告了半個小時，他就覺得心情一下子平靜下來，便又起程回家。返家之後，他打電話到雙親住處。電話是他媽媽接的。在他媽媽的敘述下，他聽到下面這個事實——

他的父親開車去上班，半路上突然狹心症發作。雖然他是在馬路中央突然發作，不知何故，車子卻自動停了下來。緊跟在他父親後面的那輛車子，駕駛人是位醫生，為他的父親施以適當的急救措施之後，立即送他的父親到就近的醫院。

當他的父親病情穩住之後，對他的母親說道：

「我把信息傳給兒子，他的禱告救了我。」

當他的父親向他救助時，他遠在千里之外。

亞葛斯提亞的葉子——果真有宿命嗎？

如果潛意識能夠預見未來，那麼未來是不是事先就已經決定，無法加以改變？

重大的事件，比如戰爭爆發等歷史的巨大起伏，有時或許是無

可避免。一般認為，榮格所說的「民族意識」，以及墨菲博士所謂的「眾生心理」那種集體意識具有無比的能量。如果說這種集體意識互相怨恨的結果會引起戰爭，從現在各集團的能量看來，在某種程度以內，是可以預測將來的結果。

那麼，關於個人的又如何呢？也就是說，個人的命運，亦即「宿命」，是不是早有前定，人是不是無法擺脫它的糾纏？

對這個自古以來即為大多數人所苦惱的問題：「人無法擺脫宿命。就基本上來說，人並未擁有選擇命運的那種自由意志。」採取這種主張的書籍，也往往會成為暢銷書。

日本作家青山圭秀所著的《亞葛斯提亞的葉子》和《聖卡爾帕》就是這樣的書。書中提到當今世上存在著一本《命運之書》，那是古印度預言家亞葛斯提亞寫在椰子葉上的預言。

據說，這本預言書中記載著包括前世、來世在內，每個人全部的人生。作者還提到，預言書中正確地記錄著他本人為了尋求這本書，前往「亞葛斯提亞館」的日期和時間，就連他父母親的名字都準確地說中。

如果此一說法是真的，那麼，我們就沒有自由意志了。

真的有「宿命」這種東西存在嗎？

這個問題非常複雜，不容易獲得清楚的答案。

可是，墨菲博士對這個問題的立場極為明確。他斬釘截鐵地否定了宿命的存在。關於個人的命運，他強調地指出：

> 無法改變的未來並不存在。只要你選擇正確，並且付諸實踐，命運就可以改變。

前面已經敘述過，「宿命論」是以佛教和印度教的「因果報應的法則」為基礎。關於東方的「因果報應」思想與「墨菲的成功法則」之間的關係，將在第九章談到。

前面提過一個母親解救高中生女兒的例子。這位母親就曾經讀過墨菲博士的著作。因此，她知道命運並不是前定，在「預知之夢」中所見到的悲劇，藉由祈禱的方式，亦能防患於未然。正因為如此，她才會認真地祈禱女兒能平安無事，終於救了女兒一命。假使那位母親認為：「這是因果報應！女兒會遭到不測，那也是沒辦法的事！」那麼，無疑地，她就會失去她的女兒。

意識的交流

1・搜尋失蹤的妻子

我們的內心深處都是相通的。只要相信問題可以獲得解決，並且向潛意識訴說，潛意識就會自行解決問題。但是，解決問題的方法有許多種，很難事先加以預測。

下面這個例子說明了人在內心深處都是相通的，以及把解決問題的願望烙在潛意識裡時，潛意識一定會有所回應的道理。

不過，這個例子讓人印象最為深刻的是潛意識解決問題的方法。正如墨菲博士所極力主張的：「潛意識表現其力量的方法和手段無比神祕！」我們無法事先加以預測。

　　有一個男子遠從紐約來到墨菲博士在洛杉磯的住處。據說他的妻子曾經在洛杉磯住過，當她在洛杉磯時，聽過墨菲博士的好幾次演講。然而，一年前她突然失蹤，從此音訊全無。

　　他追索妻子失蹤的原因，推測是因為他偷走了她的六萬美元，並且花得精光。在他深切反省之後，他希望能夠補償他的妻子。他已經繼承了母親的遺產，有錢還給妻子那筆被他花光

的錢。

　　他先把一萬美元寄放在墨菲博士那裡，請求博士，萬一他的太太和博士聯絡上了，就把錢交給她，並請她務必和她的丈夫聯絡。

　　他說，他自己也不知道為什麼會來洛杉磯找墨菲博士。不過，他總覺得他的妻子一定會打電話給墨菲博士。

　　事實上，墨菲博士並不認識他的妻子，在教堂的會員名冊上，也找不到她的姓名。情勢發展至此，簡直是大海撈針，已經沒有一絲希望了。

　　儘管如此，墨菲博士在當天晚上還是認真地祈禱，希望那位女士能和他聯絡。其後，墨菲博士就忘了這檔子事。

　　兩個月以後，有人從舊金山打電話給墨菲博士的祕書，那個人正是墨菲博士所要尋找的女士。她告訴祕書，她非常迫切地想見到墨菲博士。

　　第二天一大早，那位女士就驅車來到了洛杉磯。

　　她告訴墨菲博士說：

　　幾天前，墨菲博士在她的夢中出現，將一萬美元交給她，並且向她說明，只要她回去紐約，她的丈夫一定會還她那筆

錢。在夢中，墨菲博士還為她唸了聖經中的一節：「當人深眠時，上帝在夢中會打開他的耳朵。」

夢裡頭，房間內一片光明，她覺得心情非常愉快。她說，夢中的情景非常生動逼真，宛如是在現實生活中發生一般。

2・和過世的妹妹聊天

潛意識超越空間的限制，以及我們在斷氣後，我們的表層意識和位於肉體深處的我不滅，乃是不爭的事實。

「臨終關懷」的世界權威柯尤巴拉・羅斯博士透過高達幾千件與末期症狀患者之間的訪談，和自己親歷的瀕死經驗，也得到相同的結論。羅斯博士斷言：「沒有徹底的死亡這件事！」他還指出，從這個世界離開時，「不可能自己一個人孤孤單單地走向陰間！」

他的話意謂著什麼呢？縱使太空人在宇宙中因太空船故障，陷入不得不在宇宙的盡頭獨自死去的地步，臨死之際，他想要前往哪裡，就可以到達哪裡。如果他想要與居住在加州的父母見面，也可以如願以償。

其後，早就亡故的爺爺、奶奶，以及真正關懷他的人，也會來到他的跟前，迎接他前往另一個世界。

　　證實羅斯博士這種主張的諸多例子，在墨菲博士的身上也出現了。在這裡介紹墨菲博士晚年的著作中提到的有關他的妹妹過世時所發生的不可思議的現象。

　　一九七〇年年初，墨菲博士的妹妹就在英國聖瑪麗亞修道院去世了。

　　墨菲博士正與老朋友通著電話，妹妹伊莉莎白突然穿門而入。倉促間，博士一時搞不清楚情況，驚訝地詢問妹妹：

　　「回來怎麼不事先通知一下？妳是搭乘飛機來的嗎？」

　　「不是。我剛剛才斷氣，是來向哥哥辭行的。我們不是約好，誰先過世，誰就先通知告訴對方嗎？」

　　墨菲博士的確記得他們的約定。當他了解情況之後，兩人還聊了大約五分鐘。博士問伊莉莎白死亡前的身體狀況和診斷結果，她都一一回答，宛如在世時的樣子。

　　伊莉莎白坐在椅子上和哥哥聊天。墨菲博士用手去碰觸她的身體，仍然有著真實的感覺。她一身平常的打扮，穿著修女服，戴著十字架項鍊。可是，過了沒多久，她的身體開始溶化，剎那間就消

失的無影無蹤⋯⋯

記憶幻覺──潛意識超越空間

潛意識超越「肉體」這種三度空間的限制，顯然可見的就是「記憶幻覺」現象。

值得一提的是，墨菲博士也曾屢次經歷「記憶幻覺」的現象。

不知道你有沒有這樣的經驗：前往某個城市旅行，雖然過去一次也沒到訪過，卻有一種似曾相識的感覺。這就是典型的「記憶幻覺」現象。「記憶幻覺」指的就是，儘管未曾經驗過某件事，感覺上卻好像曾經發生過。

一般人都會說，那是當事人記錯了。可是，從各種狀況證據來看，有時當真可以證明，當我們睡眠時，真的會看到將來會前往的地方。

有一次，墨菲博士前往位於印度新德里北方的利希喀休一所瑜伽森林大學訪問。訪問之前，墨菲博士在夢中與大學中的教授和學

生們見面。實際到達之後，墨菲博士告訴負責接待他的學生，有關自己被安排住宿的房間，裡頭的擺設，以及餐桌上的談話內容。事後證明，完全正確。

那名學生非常訝異地說道：

「老師，你一定是學會了千里眼和順風耳。」

之後，他就去向瑜伽森林大學的校長西貝南達大師打招呼。

西貝南達大師一見到他，就說：

「我以前在夢中見過你，也聽過你的聲音。」

疾病的治癒──首從精神中康復

墨菲博士發現到，我們人的心理與身體的關係，其密切程度遠超過我們的想像。若能恢復協調的精神狀態，大多數的疾病都是可以痊癒的。

信念也可以傳播給他人。骨肉至親生病，若能生動鮮明地想像患者的疾病治癒的情景，並確信對方的身體可以康復，就可以帶給患者良好的影響。在墨菲博士的著作中，曾經介紹過某位妹妹傳播

想像力給她哥哥，讓哥哥從精神病中康復的實例。

　　在某家精神醫院中，有一個女子每天風雨無阻地前來探視一位病人。她是那位病人的妹妹。這位妹妹總是對哥哥說：「光明一定會將盤據在你心中的黑暗趕走！」她也告訴醫生：「我相信我哥哥的精神病完全治好的一天必定會到來！」

　　過了三個月，有一天，她和往常一樣，前去探視哥哥。哥哥以平穩的口吻說：「光明已經開始照耀我的心中，那道光明非常明亮，我的病已經完全痊癒了！」

　　以上所述，反覆強調的是，潛意識的知覺能力比一般常識所能想像的還要敏銳。在醫院中施行手術，本應完全沒有知覺的病人，對於護士和醫生不經意的談話，卻聽得一清二楚。如果醫生說的話讓病患覺得生氣時，病人的疾病甚至會恢復得比較慢。為病人動手術的醫生或護士絕不可以說出讓病人感到悲觀或不愉快的事。

Chapter

6

奇蹟就是
「宇宙心靈」的見證

——正確理解心靈與宇宙法則之間

　　所謂「奇蹟」，就是指常識無法想像的事情。「墨菲成功法則」就是依循自然法則，而產生的必然結果。

何謂「奇蹟」？

　　所謂「奇蹟」，就是指常識所無法想像的事情。如果把「墨菲成功法則」應用在願望的實現，藉由累積超越平常的經驗法則，乍見之下，只能視為「偶然」的事情，你的願望必然實現──從某種意義上來講，無妨稱之為「奇蹟」。

　　要是在自己身邊發生這種情況時，一般人可能會覺得無法置信。然而，若能深入了解「宇宙心靈」和「墨菲成功法則」之作用，就會領悟墨菲博士所說的──「所謂『奇蹟』，也是依循自然的法則，所必然產生的現象。」

　　願望有各種類型。比方說──「考上理想的學校。」、「遇到情投意合的戀愛對象。」、「在公司中飛黃騰達。」以及種種與自己的生活關係密切的願望。從提升自我，與自己和他人的幸福有關的意義上來講，這些都是崇高且富有建設性的願望。

　　你會擁有這種願望，就是你具有可以實現此種願望之潛在能力的明證。為了實現這種願望，請你務必要引發自身的「奇蹟」。你現在是為了實現真正的自我而活著。

　　可是，在奇蹟中，真正富有戲劇性的，不管怎麼說，還是與生命攸關的事情。比方說，現代醫學束手無策，一般認為活不了多久的病人，卻奇蹟地恢復健康的情況。墨菲博士——包括他自己本身的經驗在內——看過不少這種奇蹟。

　　透過「墨菲成功法則」和「宇宙心靈」，必然會產生治癒膏肓之疾的奇蹟。從奇蹟的觀點來講，這與一心相要實現「遇到情投意合的戀愛對象」的願望，並無兩樣。

魯魯德的奇蹟

　　奇蹟可分為兩種情況，一種是聖人或治療人員等特定的人所引發的奇蹟；另一種是某種東西或某個場所類有引發奇蹟的力量。

　　前面提到過的安東尼‧梅斯玫爾的例子就屬於第一種情況。梅斯玫爾在獲得患者絕對信任的背景下，奇蹟式地治療了不少病患。從歷史上的事例來看，我們也不能忘記佛陀和耶穌的奇蹟。關於這種類型的奇蹟，想必讀者都已經瞭然於心。在此要介紹第二種情況中最為著名的例子。

此即「魯魯德之泉的奇蹟」。魯魯德是位於法國南部庇里牛斯山山麓的小鎮。據說，十九世紀時，一位名叫貝爾娜蒂克的少女在山區的洞窟中曾經目睹聖母瑪麗亞顯靈。此後該洞窟中的泉水，被認為具有治療疾病的不可思議的力量。

比方說，罹患腫瘤、癌症、失明等疾病的病人，只要泡在魯魯德之泉中，短期間病情即可痊癒。有時候，在不超過幾分鐘的時間之內，腫瘤就會消失不見。

貝爾娜蒂克在一九三三年，以聖貝爾娜蒂克之名進入聖女的行列。羅馬天主教會同時正式承認「魯魯德之泉」為宗教聖地。

奇蹟的定義

關於「魯魯德奇蹟」的資料非常珍貴，因為在記錄該資料時，非常客觀且嚴格。墨菲博士在前面的敘述中指出，有關超能力的研究，大多欠缺客觀性。可是，魯魯德的情況則完全不同。

天主教會現在在奇蹟的認定上極為慎重。如果不如此，恐怕會遭到「單純的偶然就揚言是奇蹟」的批評。

　　天主教會為了便於做奇蹟的認定，制定了客觀的**醫學標準**。

　　教皇班尼迪克十四世所制定的標準如下，一看就知道非常謹慎與嚴格。

1. 必須實有其病
2. 病人必須病危或罹患不能復原的疑難雜症。
3. 病況必須不穩定
4. 必須經過醫學上確認已沒有治療的方法。
5. 必須在剎那間突然痊癒。
6. 必須完全痊癒。
7. 必須沒有自然治癒的可能性。
8. 痊癒的狀態持續一個月以上。
9. 痊癒的情況是藉由本人或他人的宗教行為（沐浴、祈禱……）直接產生的。

　　其次，認定的過程也極為客觀。非自然治癒的狀況由十五名學者組成的巴黎國家醫學委員會進行認定。此委員會將會徹底地考量患者的病歷、治癒的情況和其後的狀況。而且，他們會直接診察患

者，詢問相關人士之後，才進行確認。

瑪莉・碧蕾恢復視力的奇蹟

　　在必須符合這麼嚴格的條件，方可被認定為奇蹟的事例中，有一則極富戲劇性，廣為人知的案例。那就是瑪莉・碧蕾的奇蹟。

　　這個案例之所以那麼出名，是因為魯斯・克南頓在某雜誌中做過詳細的報導所致。茲介紹其概要如下：

　　瑪莉・碧蕾是一位擁有六個孩子的母親。有一天，她因為過分勞累，引發頭痛，最後導致失明。經過數位醫生反覆檢查她的眼睛之後，診斷出她的視覺神經已經完全遭到破壞，呈現壞死的狀態。

　　瑪莉・碧蕾在完全無法康復的情況下，只好帶著女兒，往魯魯德之泉前去。

　　到達之後，一被抬進洞窟裡，碧蕾就突然大叫：「我看到了聖瑪麗亞！」然後失去了意識。

　　她的女兒以為母親已經過世了。當場嚇得手足無措，痛哭失聲。

　　然而，碧蕾沒多久就恢復了意識。當她睜開眼睛一看，發現她的視力竟然已恢復正常。

第二天，經過十個醫生進行會診，結果真是奇妙極了。

十位醫生的診斷都是：碧蕾的視神覺經已經壞死了。

儘管如此，她的視力卻與正常人無異。她竟然能以醫學上斷定「已經壞死」的視覺神經看東西。

　　一個月後，瑪莉・碧蕾再次接受診斷。結果，視力和視覺神經都完全恢復正常了。

墨菲博士的見解

　　關於「魯魯德奇蹟」，墨菲博士也引用了瑪莉・碧蕾這個著名的例子，說了下面的一段話——

　　她不是因為魯魯德寺院的泉水而恢復視力，而是因為熱烈
的信仰和信心而恢復的。疾病的治癒是伴隨著心理的變化而產
生的。

——《你的人生從此大為改變》

諾貝爾獎得主的驚訝

　　重視魯魯德奇蹟的不只是教會而已，就連著名的科學家對此也
仔細地加以研究，詳細地進行檢驗。結果證明了奇蹟真的存在。

　　這些科學家當中，以諾貝爾生理學‧醫學獎得主亞雷斯西斯‧
卡雷爾博士為代表。

　　屬於少壯派學者的卡雷爾博士基於科學家的經驗和知識，原本
深信，疾病和痊癒一定要有科學上能夠合理說明的原因和結果。儘
管他以前是一位虔誠的天主教教徒，但他已經無法再相信聖經上所
記載的奇蹟。從科學的觀點來看，他認為失明的人被耶穌碰觸之
後，剎那間就痊癒的事，在現實生活中根本不可能發生。

　　起初，卡雷爾博士對魯魯德的奇蹟當然也抱持著懷疑的態度。

他指出，「魯魯德奇蹟」事實上是自我暗示產生的效果，卻被患者
誤認為是奇蹟。關於過去無法走路的人，一泡了魯魯德的泉水，突
然就能夠走路的事例，卡雷爾博士有如下的解釋──

　　　患者在浸泡魯魯德的泉水之前，其實已經恢復到可以走路
　　的狀態，只是他自己深信：「我還無法走路！」當他浸泡在魯
　　魯德的泉水中時，在「靠著魯魯德的泉水，我就能走路了」這
　　種強烈的暗示引導下，他就從過去「我無法走路」的自我暗示
　　之咒語的束縛中，解放出來了。

　　根據卡雷爾博士的想法，「自我暗示」對「心因性的疾病」有
效，但對「器質性的疾病」，比方說癌症末期就無效。因此，罹患
結核性腹膜炎的患者在病危的狀況下，浸泡魯魯德的泉水數分鐘之
後就痊癒是根本不可能的。

　　然而，卡雷爾博士終因目睹了魯魯德的奇蹟，完全改變了過去
的想法。他的經驗如下：

　　　卡雷爾博士想要以科學的方法研究魯魯德的奇蹟。有一

天，他就坐上前往魯魯德的巡禮列車。此時，卡雷爾博士年僅三十歲，是一位前途未可限量的少壯派教授。

在坐滿染上嚴重疾病之病人的巡禮列車上，卡雷爾博士遇到了一位因結核性腹膜炎，陷入病危狀態中的十九歲少女。少女名叫瑪莉·菲蘭。體弱多病的瑪莉，父母親都死於肺結核，她自己本身也罹患了肺結核、肋膜炎，且併發了腹膜炎。

瑪莉因為肋膜炎的關係，左胸腔積水。雖然醫生吸出了兩公升的水，但依然藥石罔效。後來，她被送往大醫院，那裡的醫生也是束手無策。遭到醫生們所放棄的瑪莉，就將最後一絲希望寄託於魯魯德的泉水，搭上了巡禮列車。

卡雷爾博士為她做了診察，發現她的腹部脹得很厲害，脈搏一分鐘超過一百五十，臉呈土黃色，心臟也非常衰弱。卡雷爾博士斷定，她頂多能夠再活兩、三天。看來，曾經為瑪莉診察過的醫生會宣布放棄，也不是沒有道理。

在這種狀態下浸泡泉水，可以說無異是自殺的行為。然而，即使是暫時的安慰，瑪莉仍舊把一絲希望寄託在魯魯德的泉水上。身為醫生的卡雷爾博士認為對方既然不久於人世，不如讓她去做想要做的事。所以，他也就不阻止瑪莉這種自殺的

行為。

可是，過了中午，當一行人抵達了「魯魯德之泉」時，瑪莉的病情已極度惡化，再也沒有力氣浸泡在泉水中。「魯魯德之泉」的管理人員不敢讓她泡在泉水裡，只好將泉水取來潑在她的腹部上。

此時，卡雷爾博士想到：「死神已一刻一刻逼近了！」

然而，真實情況又如何呢？

僅僅數分鐘之後，圍著毛毯的瑪莉，從外面可以明顯地看出來，原本腫大的腹部已經逐漸縮小；再過了幾分鐘，她的腹部完全恢復了原狀，臉色也好看多了。

卡雷爾博士看到眼前所發生的事，驚訝得說不出話來。

他立即前往魯魯德鎮上的診所，告訴所長方才發生的奇蹟。診所的所長卻一點也不感到驚訝，只是以平淡的口吻說道：「這種事在魯魯德經常發生。」

同一天晚上，卡雷爾博士再度為瑪莉診察。她的脈搏已經恢復正常，連腹部腫大和腫瘤的痕跡都消失不見了。不管從哪個部分觀察，她的身體都和正常人無異。其他兩名醫生的診斷結果也相同。

　　歷經了這個事件之後，卡雷爾博士才確信，現實生活中的確有「奇蹟」存在。

　　卡雷爾博士以他廣博的知識和敏銳的洞察力，將他相信奇蹟存在的看法，寫下了一本著名的──《人類這個未知之物》。

　　書中有簡潔而一針見血的說明。在此，我們來看看有關「魯魯德之泉」的記述：

　　　　魯魯德的醫學事務局提出了一個用奇蹟的方式治癒了最嚴重之病症的報告。腹膜結核、寒性膿瘍、骨折、化膿的傷口、狼瘡（結核菌等細菌破壞皮膚所引起的疾病）、癌症等各式各樣的疾病，絕大多數都能立即痊癒。兩、三秒或兩、三分鐘，最慢在兩、三個小時之內，傷口就結疤，病理學上的症狀完全消失，病人也恢復了食慾。產生這種現象的不可或缺的條件就只是祈禱而已。但患者本身並不需要祈禱，甚至也不需要有宗教的信仰；只要病人身邊的任何人為他祈禱即可。

　　　　　　　　　　　　　　　　　──《人類這個未知之物》

因信仰而產生的奇蹟──魯魯德奇蹟的祕密

　　卡雷爾博士根據魯魯德奇蹟的事例，指出人類精神活動的重要性。能將「連患者本人都無法相信的奇蹟」這類科學上難以說明的事實當成事實接受的人，的確需要擁有智慧和勇氣。

　　事實上，對卡雷爾博士來講，他為了提出這個看法，付出了非常大的代價。有部分科學家對卡雷爾博士承認奇蹟的言行，以「不配做一個科學家」這種嚴厲的言辭，強烈地加以指責。

　　由於這個原因，卡雷爾博士在魯魯德事件發生後兩年，離開了他住慣的法國，移居美國。可是，即使付出了這麼高的代價，他仍然毫無忌憚，相當率直地發表了自己的信念。卡雷爾博士堪稱是當代少見的大科學家。

　　卡雷爾博士曾經認為，光憑「自我暗示」的力量，並不能治癒器質性的疾病，奇蹟發生的關鍵在於宗教上的信仰。他的一生幾乎已脫離了天主教的信仰。但一般認為，他在本質上還是天主教教徒。這一點，從他在去世的幾個禮拜前，正式成為天主教會會員，就可以推得出來。

　　那麼，是不是正如卡雷爾博士所推測的那樣，宗教信仰這種精神性的活動是產生奇蹟的祕訣？

　　關於這個問題，從某種意義上來講，墨菲博士的回答是：「Yes！」因為發生奇蹟的關鍵在於人類的精神活動。

　　如同前面有關瑪莉‧碧蕾的奇蹟中所述，無條件、不加批判的信仰會產生奇蹟。關於這一點，墨菲博士有下述的說法：

> 　　沒有強過無條件、不加批判的信仰。帕拉切爾蘇斯（按十六世紀著名的錬金術和醫生。因牛頓以偉大的前輩為理由，對他非常尊敬而聞名。）說過：「不論你信仰的對象是真是假，都會產生同樣的結果。」
>
> 　　　　　　　　　　　　——《帶來成功和幸運的黃金律》

　　正確地理解「心靈和宇宙的法則」，就會產生奇蹟。

　　但是，由宗教信仰所產生的奇蹟，絕不是因為患者所信仰的宗教正確所致。

　　只要認識到奇蹟的治療效果是遵照我們的潛意識和「宇宙心靈」的結構而發生的事實，並且將治癒的信念烙在潛意識中，即使

不相信特定的宗教，也會產生奇蹟。

換句話說，奇蹟是由人的信念所引發的，宗教信仰不過是信念的一種形態罷了。

在墨菲博士的許多著作中，有一則軼聞，讀者看了之後，應當就可以了解奇蹟發生的關鍵不在於特定的宗教，而在於患者本身的信念。

墨菲博士有個親戚住在澳大利亞，他的父親罹患了癌症，已經不久於人世。這位父親是個虔誠的基督徒。

有一次，博士的那位親戚前往耶路撒冷旅行，非常幸運，在路上遇到一位修道僧，那位修道僧送他一片據說是耶穌被釘死的那具十字架的小碎片。他將十字架的碎片帶到珠寶店，要老闆把碎片鑲在戒指上。

回國之後，他去探視父親，說道：

「爸爸，我帶回了一個非常棒的禮物給你。我在耶路撒冷偶然和一位著名的修道僧相識，他送了我一個非常貴重的東西，那是耶穌被釘死的那具十字架的碎片，是真正的十字架的碎片，它具有產生奇蹟的無比力量。」

　　做父親的非常高興兒子送他這個充滿關懷的聖物，迫不及待地收下那個戒指。睡覺時，就緊緊地抱在懷中。那個十字架真的具有無比的神效。不久，這位父親的癌症竟然不藥而癒，完全康復了。後來，這位父親的癌症再也沒有發作過，十幾年間在健康中度過，最後壽終正寢，無疾而終。

　　他的兒子帶回的十字架碎片，難道是真的嗎？
　　事實上，那是他的兒子在澳大利亞境內的路旁隨意撿到的一片普通的木片罷了。

科學的祈禱方式

　　相信各位讀者看了上述的說明之後，已經了解奇蹟發生的關鍵是在於「人的信念」。
　　為了帶給自己奇蹟，墨菲博士建議我們：「以科學的態度展開行動！」
　　換句話說，最重要的是，要能夠充分理解潛意識和「宇宙心

靈」的性質及其法則，掌握實踐自己所理解之內容的技巧。

　　如果我們能夠想像自己的心靈與更高次元的「宇宙心靈」頻率相合，在心中描繪出健康的圖像，肉體這種物質就能按照心中所想那樣反映出來。任何人只要去除懷疑，一直想像，直到把圖像烙在潛意識之中，都可以產生奇蹟式的治癒效果。

　　「宇宙心靈」是包含個人肉體的無限心靈。精神和物質原本是同一之物，只是顯現的形態不同罷了。

　　墨菲博士指出，高次元的能量是精神，物質則是低次元的能量狀態。我們只要想像自己的心靈與更高次元的「宇宙心靈」頻率相合，在心中描繪出健康的圖像，肉體這種物質就能按照心中所想那樣反映出來。

即使自己不祈禱，也會產生奇蹟的原因

　　卡雷爾博士還談到，就算患者本人不祈禱，或本人沒有宗教信仰，有時也會產生奇蹟。眾所周知，世界各地的寺院或聖地也都經常發生類似奇蹟的現象。

墨菲博士在自己的教堂中，也曾經親歷幾次同樣的經驗。

在墨菲博士的教堂中，每個星期日都會有人為了治癒疾病，前來祈禱。因此，經常發生奇蹟式的治癒效果。其中也包括許多毫無信仰，對這種治癒方式感到懷疑的人。

為什麼會產生這種現象呢？

那是因為在這種地方，確信奇蹟存在和對奇蹟抱著希望的集體意識高漲之故──換句話說，就是處於對奇蹟這種磁場感應非常強烈的狀態中。在這種狀況之下，如果患者擁有「想要讓疾病痊癒」這種隱而不彰的念頭，就可以獲得集體意識所反應的結果。患者本身甚至不需要祈禱。

這件事意味著，我們任何人在內心深處都是相通的；潛意識成為「媒介」，使我們與周遭人的信念磁場產生共鳴。

潛意識就是打開「宇宙心靈」那扇窗的那隻手！

Chapter

7

消除不愉快的記憶

——如何處理邪惡的念頭

　　前章將焦點置於對自己或他人進行的「善意的祈禱」上。那麼，反過來說，陷害，甚至傷害他人的「惡意的祈禱」，又會產生什麼效果呢？另外，對自己無法原諒的人，應該採取什麼樣的態度呢？

巫毒教的黑魔法

關於「善意的祈禱」，前面已經敘述過，受到祈福的人就算潛意識不曉得有人在為自己祈禱，或根本不相信祈禱的效果，「善意的祈禱」照樣有效。

那麼，反過來說，「惡意的祈禱」是不是同樣有效？

從某種意義上來講，這個問題的答案是：「沒錯！」

我們任何人在內心深處都是相通的。

不管我們是有意、無意，只要承受了他人的「惡意的祈禱」，那人的祈禱就會發揮作用。典型的例子就是巫毒教的黑魔法。

巫毒教是西印度群島的海地及美國黑人之間所信奉的宗教，以被呼作「羅亞」的精靈信仰為中心。這種宗教將重點置於施行咒術的行為上，「神祕學的色彩非常濃厚」為其最大的特徵。

巫毒教的魔法師在信徒之間，是非常恐怖的存在。據說，有人被施以咒術之後，因為太過恐懼而喪命。在墨菲博士的著作中，也介紹了許多有關巫毒教和其他咒術的實例。

古代印度人認為：當一個人之所以會遭受災難罹身，完全是因為惡鬼及惡靈在作祟，或是被別人在暗中詛咒所引起，要破解災

厄，必須以毒攻毒，用調伏法的咒語抵擋。

治病和祛除附身的惡靈，就用息災法的咒語。要招祥納福，就用增益法的咒語。密宗「蘇悉地經」和「大日經」，保留吠陀經的息災、增益和調伏等三種修法，「金剛頂經」在三種法之外，又加入敬愛法和釣召法。

無所不能的乩童

經常，在各地的迎神賽會中，最引人注目的莫過於「乩童」。特別是在神明巡行繞境，或是遠道進香的隊伍之中，在炮聲硝煙、鑼鼓喧天的陣仗裡，無數的乩童夾雜在善男信女中間，下身是清一色的燈籠褲，上身或赤膊或僅圍一件刺繡鑲亮片珠子的肚兜，手執各種奇門的短打兵器：鯊魚劍、流星錘、狼牙棒、短劍、九環刀、銅鋤鋼鐵鞭或三稜刺。不論武器為何，他們的動作則幾乎是大同小異……

「乩童」自古以來，一直披著一件神祕的外衣，迎神會中他們觸目驚心、鮮血淋漓的表演，教人既驚且惑。究竟他們標榜的「法

術」是真有「神明」附身護法？還是一種最高明的「騙局」？這件神祕外衣裡包裹的又是些什麼東西呢？

乩童除了在迎神賽會的串場外，還會在廟宇宮裡就神明附身，替人消災解厄，不管是事業、婚姻樣樣皆通，無所不能，簡直神乎其神！

如果對方來求神治病，桌頭也會在乩童假作神明附身詢問他的一些症狀時，暗中已在心中開出一份中醫或草藥偏方的藥草，可他會留其中一兩味最重要的藥材不說，這是要留給乩童來點破加上去的，這樣才能顯現「神明」的法力無邊。萬一治不好或不見效力又可隨意推拖或另換他藥；如果碰巧治好了，那就是皆大歡喜，香火錢的收入也會越豐。

如果來問的是事業、財運，或者合夥生意是否可行，都可由命理中看出個概括，總會有幾成的準確度。如果對方一心求財時，桌頭和乩童就會選擇適當的時機，暗示可用「五鬼運財」或「五路財神」的方法為對方祈財。當然這要看來者的口袋有多深！

此外「祭煞」、「拜斗」、「安宅」、「安太歲」等等以符咒行之，有些是心理作用，有些也能奏效。

至於「精神病患」的問題，在神壇中多是以「邪魔附身」視

之，有時以符咒驅之，有時也拜請神明率天兵天將來大戰一場，以便伏魔降妖。這是個相當大的課題，真正的療效如何，除非投以大筆的財力、人力，作完整詳細的追蹤研究，否則難有定論。（詳見張開基《江湖大騙術》）

惡意的祈禱不具有任何力量

讀者是否認為前一節舉出的例子「荒唐無稽」呢？還是覺得「令人毛骨悚然」？將本書讀到這個地方的讀者，大概已經知道答案了吧？「令人毛骨悚然」這種感覺本身，就意謂著已經陷入黑魔法或咒術之中了。

人類的意志和理想應該是更為崇高的。與我們內在深處相通的「宇宙心靈」是生命的原理，以感謝、溫和、關懷、勇氣、喜悅和幸福為其本質。這種本質是生存的意志和發展的原理。

只要自覺到與這種無限的宇宙生命力成為一體，不論什麼咒術或咒術的束縛，對你來講、都沒有什麼意義。因為你對咒術已經完全免疫了。

回力棒效果

不僅如此，如果向對咒術免疫的人施行咒術，這種咒術反而會反噬施術者。有一句諺語說：「害人反害己」。對人施咒術，只會帶來自掘墳墓的後果。墨菲博士稱之為——「回力棒效果」。

回力棒就是澳大利亞的原住民用來狩獵的武器。獵人用回力棒投擲獵物，如果沒有擊中獵物，回力棒就會飛回自己手中。

墨菲博士將希望他人毀滅的負面性祈禱比喻為「回力棒」，遭到回力棒所投擲的人，如果與「宇宙的生命力」成為一體，邪惡的念頭反而會回噬施咒者本身。當然，這只是比喻，與真正的情況有著極大的出入。總之，邪惡念頭的「回力棒」飛回來時，投擲的人就會無計可施，無處可逃；咒術的效果會比原來增強好幾倍。

在著名的《觀世音菩薩普門品》中有一節記載者：「咒詛諸毒藥，所欲害身者；念彼觀音力，還著於本人。」指出了與墨菲博士所謂的「回力棒效果」同樣的事實。

回力棒效果的實例

夏威夷有一名女子嫁給了人種和宗教皆與她不相同的男人為妻。她的爸爸非常憤怒，威脅她：「我要使用黑魔法咀咒你們，讓你們兩個人毀滅！」她一聽，感到非常害怕。因為她早已知道，這種黑魔法可在千里之外取人性命。

但是，墨菲博士向她說明，任何人都無法拆散兩個彼此相愛的人；只要不相信它會產生效果，黑魔法就不具有任何力量。

墨菲博士開給她的處方如下：

「當你每次想到令尊時，就要憐憫他的無知，因為他想使用毫無效果的黑魔法。並且要為令尊的幸福祈禱。」

她照著墨菲博士所教導的去做，幾個星期之後，有人發現她的父親橫死馬路。無法纏住她的咒術反而降臨在她的父親身上。

為什麼不能對他人懷有邪惡的念頭？

仔細思考「回力棒效果」的原理，當能體會到，對任何人都不

能懷有惡意。因為邪惡的念頭不旋踵間就會降臨到自己身上。

　　也許讀者當中有人以前曾經遭人陷害，當眾出醜，被人家戲弄；以這些事情為肇因，自己的身體狀況可能從此每下愈況。

　　這也難怪。對「這樣的人」懷著憤恨、憎惡的負面情緒，自己的身體就會因而承受到非常不良的影響。墨菲博士認為，負面情緒正是引起癌症或腫瘤等疾病的最大原因。

　　縱使醫生並未診斷心因性的緣故，事實上，負面情緒仍然是疾病的真正原因。在墨菲博士的著作中，因憤怒或憎恨而引起的疾病多得不可勝數。

　　當然，所有的疾病不一定都是屬於心因性的疾病。但是，隨著醫學的進步，正逐漸證實墨菲博士的想法。負面情緒會使免疫系統產生紊亂，荷爾蒙和腦內化學物質失去平衡，以致體內產生毒性強烈的化學物質。最後，甚至連呼出來的氣體都含有毒性強烈的化學物質。那麼，是不是把過去不愉快的回憶遺忘掉就可以了？有人認為，如此一來，平常應當就不會感覺到憤怒或憎恨的情緒了。

　　可是，請各位讀者進一步思考一番。就算拼命努力，想遺忘過去的記憶，而且努力發生了功效，讓我們平常不會回想起以前那些不愉快的經驗，然而，正如前面所述，記憶一旦銘刻在大腦顳葉，

一輩子都不會消失。之所以沒有回想起來，只是因為我們將記憶壓抑住。潛意識平面儲存了所有的信息；換言之，在潛意識平面上，我們會不斷面對受到壓抑的不愉快記憶。

每次面對這種不愉快的記憶，在無意識之中，就會不斷地喝下怨恨、憎惡等負面情緒的「鴆酒」。這種狀態持續下去，不久就會產生身體狀況越來越差的後果。

讓過去付諸流水

那麼，對你認為「無法原諒」的人，該怎麼樣和他們相處呢？

「讓過去付諸流水。」這是必要之舉。關於這一點，也可以表現出「和解」的姿態。換句話說，即使面對不愉快的記憶，也不要再帶著憤怒、憎恨等負面情緒。

在此，希望讀者注意一件事，那就是不一定非要去喜歡對方不可，只要寬恕對方就可以了。

關於這一點，墨菲博士有如下的說法：

　　假設有人誹謗你，處處妨礙你，最理想的方式就是不要對這種人感到憤怒，反而要親切地對待他。如果對方能夠接納你的真誠，以後不但不會妨礙你，彼此還可能成為好朋友。再者，就算對方的態度依然沒有改變，你自己也不會受到憤怒、憎怒等負面的情緒所毒害。

　　當然，人非聖賢，這種事不是那麼輕易就實行得了的。

　　此時，必須如同以下所考慮的，憐憫、同情對方的無知：

　　「這個人病了，因而做出這種事來！」

　　如果你看到因車禍之故，喪失了一條腿，坐在輪椅上的人，你應該會同情他，而不會對他生氣吧！

　　誹謗你或讓你難堪的人，也許是因為承受了不少辛酸的經驗，內心遭到扭曲，以致變得憤世嫉俗。他正受到一種精神上的疾病所折磨。以長遠的眼光來看，這種對人刻薄的態度是會帶給這種人不幸的種子。對這種人我們只能同情，根本不需要生氣。

　　下面這個故事是墨菲博士所介紹的有關飯店服務生的實例——

　　有一個富翁長期住宿於一家大規模的休閒旅館。這個客人只會不斷向服務生抱怨，卻從來不給小費，是旅館內所有的工作人員公認的惡客，大家對他都望而生厭。

　　其中有一名服務生決心以親切的態度回應這位客人的刁難和抱怨。他想像有個惡魔住在這個尖酸刻薄的客人體內，正在啃噬客人的良心。也就是說，他認為這位客人不是加害者，而是犧牲者；而且，他的親切之心可以驅逐客人心中的惡魔。所以，他打算用自己一顆親切的心對抗的那個惡魔。

　　在為期一個月的時間內，這個客人還是一味地抱怨，小費一次都不給。不過，那位服務生並沒有讓這個愛挑剔的客人惡劣的態度，擾亂到自己內心的平靜。

　　在這位富翁住宿的最後一天早上，令人驚訝的是，他竟然主動向這個親切的服務生打招呼：「早！你真是我遇到過最好的一位服務生啦！」這個有錢的客人給親切的服務生大筆小費，並聘請他擔任自己所經營的飯店的副理，而這家飯店比服務生目前上班的飯店，規模還要大上好幾倍。

這個故事的結局實在是太出人意料之外了！或許讀者會認為：

「這種幸運事兒是可遇而不可求的。」

　　然而，縱使那位愛挑剔的客人惡劣的態度一直持續到最後，從這位服務生沒有飲下「憤怒的鴆酒」這個層面來講，他終究還是獲得了極大的好處。

　　就像這個例子，只要自己堅定決心，就算對方非常愛挑剔，也不會擾亂到我們內心的平靜，甚至還能不計前嫌，親切地善待對方。要是一開始就想改變對方的態度，到頭來白忙一場的話，那是最不值得的事。

　　若是無法消除過去不愉快的記憶，必須直接面對它時，究竟應該採取什麼樣的態度，就是你自己的責任了。心懷憤怒、憎恨之念，其實是明顯的利敵行為。希望大家都能勇氣百倍地捨去那些負面的想法！在這個層面上，美國神學家尼布爾留下了一段意味深長的名言，那就是：

　　　神啊！請賜給我們寬大的胸襟，讓我們能夠心平氣和接受無法改變的事實；請賜給我們勇氣，讓我們能夠改變必須改變的事物。並且，請賜給我們智慧，讓我們能夠分辨什麼是無法改變的事實？什麼是必須改變的事物？

Chapter

「成功者」的定義是什麼？

——成功人士到底與你我有何不同？

「墨菲成功法則」中所提到的「成功」究
竟然的是什麼？還有，事業成功的人到底什麼
地方與人不同？

「成功」是一種精神狀態

墨菲博士對「成功」所下的定義如下：

> 所謂「成功」，不是物質，而是精神的狀態。所謂「成功」，指的是熱中於自己想要做的事，自己所從事的工作，比任何人都來得精通，讓自己感到無限喜悅的精神狀態。

「墨菲成功法則」是帶給你的人生成功的法則。若能有效地利用潛意識，就可以按照你心中所描繪的，成為一個「成功者」。

縱使現在的情況看起來似乎非常絕望，也不必悲觀。有效地利用潛意識，就可以邁向自己所描繪的人生。

因為，正如墨菲博士所指出的那樣，「決心」和「信念」這種精神狀態具有遠比「出生的環境」還要偉大的力量。

> 有一個男孩住在貧民窟。他的母親是娼妓；他從來不知道父親長什麼樣子。從小他就學會了偷竊。以這個時候的情況來看，怎麼看都看不出他未來會有什麼成功的可能。

可是，以某一個事件為轉機，他突然脫胎換骨——他遇到了一位外科醫生。

有一次，他和往常一樣與人打架，受了傷，被送到診所。有一位外科醫生非常親切地替他療傷。這位醫生的醫術非常了不起，尤其是慈愛的態度，深深打動了男孩的心。醫生一身潔白的衣服，看起來真是燦爛、耀眼極了！

當時，這個男孩就下定決心：

「我將來一定要成為醫術精湛的外科醫生！」

他開始忘我地想像著自己穿著白色的衣服，為病人動手術的情景。於是，他的內心開始產生劇烈的改變，再也不想去偷人家的東西；他發憤努力地讀起書來。他的努力沒有白費，得到了獎學金，進入醫學院就讀。

上了大學之後，幸運之神仍然不忘眷顧他。他的勤學態度感動了一位教授。教授以「將來成為一位了不起的醫生，為醫學奉獻力量」為條件，負擔他全部的學費。

他現在的情況如何呢？他目前已經是活躍於醫學界，是一個非常著名的外科醫生了。

「我可以做得到」的信念，是獲得成功的大前提

為了獲得成功，絕對需要「我可以做得到」的信念。這正是使你成功的先決條件。

你必須捨棄「人無法擺脫生長環境的影響」這種錯誤的想法。

墨菲博士曾經說：「我們的存在具有一切價值；我們是為了獲得成功，才存在於這個世界上。」對這段話，你務必牢記在心。

接下來這個例子顯示了「我也可以做得到」這個信念是何等重要。首先要注意的是英國和東方各國存在著文化上的差異，英國職業的世襲制非常根深柢固，貴族階級與其他階級的差別也極其明顯。讀者有了這個「文化差異」的概念之後，閱讀下述的故事，才不會覺得格格不入。

在英國某個地方有兩個男孩，他們的父親都是礦工。

其中一個腦筋非常好，在班上的成績總是第一名。墨菲博士的妹妹覺得他的才能要是被埋沒了，無疑是一件非常可惜的事，就把他介紹給一位神父。

　　神父也很喜歡這個小孩，有意栽培他就讀神學院。如果這個男孩進入神學院，接受更高的教育，就可以充分發揮才能，幫助更多須要幫助的人。

　　儘管學費全免，但男孩卻拒絕了神父的好意。

　　這是為什麼呢？

　　男孩回答：「因為我不過是個礦工的兒子。」

　　他的父親也贊同他的想法。

　　另一個男孩也生在世代礦工之家。不過，因為他的父母親早已亡故，所以他是在孤兒院中度過的。

　　在墨菲博士的妹妹介紹之下，這個男孩被一對屬於上流階級的夫婦所領養，成為他們的養子。他們為他聘請一位家庭教師，讓他接受個人教育，後來進入大學就讀。他熟悉了英國上流階級的生活習慣，只和同階級的子女交往。

　　結果，他在上流階級中度過一生。

　　前面這個例子中的第一個男孩，最大的錯誤就是認為「礦工的兒子」是微不足道的，以為自己沒有選擇其他人生的權利，過分貶

低自己和自己的雙親。

　　「職業無分貴賤」這句話是個真理，因為它表明了所有的人都有尊嚴這個事實；而人格崇高的程度則由是否自覺和尊重人類本來擁有的尊嚴而定。

　　因此，如果認為身為礦工是自己天賦的職責，將挖礦視為表現自我的方法，尊重礦工的人生，覺得這種人生不比其他人生低劣，那就是非常崇高的選擇。假使這個男孩是因為這麼想，才拒絕進入神學院，那麼他所下的決定就可以說是正確的。既然有了這種想法，他必然也會是一個人生的成功者，度過非常幸福的人生。

　　可是，這個男孩受到「礦工的兒子是微不足道的人」這種固有的觀念所束縛，沒有發現「人具有自由意志，命運可以藉由自己的意志開拓」這個基本的真理。

　　並沒有所謂「礦工的兒子」這種遺傳因子；「礦工的兒子」這樣的身分也不是永遠無法改變。如同前面所介紹的那個貧民窟男孩的例子，只要下定決心，就能夠成為妙手回春，救人濟世的醫生。「我們具有自由意志，命運可以藉由自己的意志開拓」這個信念正是成功的大前提。

　　跳蚤是跳躍力非常強的昆蟲，如果用一個小的玻璃罩將牠罩

住，牠每次跳起來時，頭部都會撞到玻璃罩，不久，牠跳起來就不會超過玻璃罩的高度了。

一天，把玻璃罩拿走，跳蚤跳起來的高度也會和罩著玻璃罩時一樣。儘管玻璃罩的限制已經不存在，但跳還錯以為有著玻璃罩的限制，將自己束縛起來。

我們的行為和思想，應該比跳蚤更聰明吧！

先有目標，才有目的

接著要談到的是「目標」。

為了在工作上獲得成功，必須立下「目標」。設定的目標必須具體，而不是類似於「將來我要變得非常偉大」那種抽象的遠景。對運動一竅不通，卻「希望成為職業棒球選手」，或已經是公司的老闆，卻「希望成為藝術家」，像這種與自己的個性不相稱的目標，只會帶給自己痛苦。

關於設定「適當的目標」，墨菲博士在此提出了下述三個必要的條件：

1‧選定對象

你必須一開始就決定自己要做什麼？可以像上述那個貧民窟的男孩那樣：「我將來一定要成為非常棒的外科醫生！」或是「我要成為棒球選手，將來像陽岱鋼那樣，活躍於職業棒球生涯中。」總之，一開始就必須決定自己要做什麼？

「自己不是很清楚真正想要做什麼？」──在現實生活中，這種情況比比皆是。

墨菲博士給我們的建議是：「此時，你不妨仰賴潛意識的引導。」這樣一來，有一天你應該會突然想到或有股衝動：「想要做什麼？」那就是你所期待的答案。

關於向潛意識尋求答案的技巧，請讀者參考第十章。

2‧將目標予以具體化、特定化

不只是設定「想要成為醫生」的目標，還必須選擇是要成為內科醫生、外科醫生、牙醫，或是留在大學研究基礎醫學？如果想要研究基礎醫學，還必須將目標予以細分化、具體化和特定化。

接下來就必須傾注全力於特定範圍，在特定範圍內求得不輸給任何人的知識。

3‧你的願望、目標必須富於建設性

「建設性」意指你的成功不能損人利己，同時不只對你自己個人有益，也要讓大家獲得幸福。

「成為了不起的外科醫生，幫助生病的人！」或是「成為大聯盟中的王牌選手，帶給小孩子夢想！」這些當然都是富有建設性的願望。

成功的祕訣──縱使身無一文也可以成功

如果能夠選擇正確的目標，成功的機率將會大為提高。

不過，即使目標選擇得非常正確，也不一定每個人都會成功。

成功者和失敗者之間究竟有什麼樣的差異？事業成功的大企業家與一生活在失敗當中的人，到底哪裡不一樣？

墨菲博士指出：「那是因為信念不同所致。」

事業成功的人對自己會成功深信不疑。藉由潛意識的力量──信念、確信、熱心、積極、自信等等，不久將會結出成功的財富的

果實——具有這種信念的人，縱使身無分文，也能夠一轉眼就成為巨富。

墨菲博士引用了構築汽車產業的亨利‧福特所說的話。

　　有人問亨利‧福特：「如果你現在失去所有的財產和工作，你會怎麼做？」

　　福特回答：「我會思考所有的人需要什麼樣的產品？然後供應他們比其他公司更便宜、性能更優異的產品。五年之後，再度成為億萬富翁。」

　　「新思維」運動的另一位巨匠拿破崙‧希爾博士認為「PMA（Positive Mental Attitude）」，亦即「積極的心態」，就是成功的關鍵。他主張：「願望具有自我實現的力量。」並指出，「迫切燃燒的願望將會帶來成功。」

　　事實上，墨菲博士和拿破崙‧希爾博士對「成功」的定義，還是有著若干的差異。

　　希爾博士在採訪了鋼鐵大王安德魯‧卡耐基、福特、愛迪生、

西奧多・羅斯福等五百位傑出的成功者之後，抽繹出「成功」的精粹，經過了二十年歲月，才確立了成功的「黃金定律」。

　　希爾博士所謂的「成功」是指成為領袖、企業界巨頭、大政治家，可以說是以物質上的成功為目標。

　　然而，「墨菲成功法則」中所謂的「成功」，指的是精神上的狀態，而不是物質上的東西。只要熱中於自己想要做的事，自己所從事的工作比任何人都來得精通，讓自己感到無限喜悅的人，就是「成功者」。墨菲理論最大的特徵就是廣泛性、普遍性，用在成功的定義上也很恰當。

　　比方說，你喜歡研究高山植物，或熱中於釣魚，在特定的領域中具有比任何人都更專精，足以自傲的能力時，你就是一位成功者；憑著自己的意志力治癒多年虛弱的體質、與情投意合的異性邂逅、與家人和樂地生活在一起等等，也都可以算是成功者。

　　墨菲博士把「成功」與「幸福」這兩個詞看作是接近於同義語。不過，從「與事業有關的成功」和「與事業有關的成功所帶來的幸福」這個觀點來看，儘管希爾博士與墨菲博士敘述的著眼點有所差異，但還是可以說，他們所述說的真理完全相同的。

　　提倡獲得財富和名言之實踐的拿破崙・希爾博士也不認為，光是獲得了財富和名譽，就可以實現幸福。

　　此外，他還考量到「為他人的幸福感到喜悅，了解他人，是實現真正的自我，獲得人類真正的幸福。」也就是說，那是人生真正的成功所不可欠缺的因素。

　　另一方面，認為成功是一種精神狀態的墨菲博士也絕非輕視物質的層面。因為他認為，物質和精神是「雖然頻率不同，顯現的形態相異，但兩者是同一之物。」

　　從墨菲博士的觀點來看，貧窮和疾病這種物質方面的不自由，事實上是精神方面不自由的反映。

　　因此，為了獲得成功，內心必須先感覺到豐裕才行。這種精神狀態不久就會帶來包括物質方面的豐裕。在這種狀態之下，我們可以開始得到滿足感。這就是墨菲博士所說的「成功」。

就像這樣，拿破崙・希爾與墨菲博士所定義的「成功」，儘管在意義上有著微妙的不同，但追根究柢，兩人所主張的卻是同一個真理。這個真理可以歸納為墨菲博士下述的一段話：

　　「成功」的人，在實際獲得成功之前，已經心中牢牢確立了「成功」的意識。

佛教主張的
「心靈與宇宙法則」

——墨菲博士對「因果報應」的看法

大乘佛教唯識宗的宗師一語道破——「世間一切現象皆是意識（心）的作用。」

唯識宗的觀點

　　如果生動鮮明地在心中描繪出願望的模樣，然後交給潛意識，「宇宙的生命力」就會使願望實現。這就是實現了「宇宙心靈成功法則」。值得注意的是，前面已經敘述過，潛意識不會判斷善惡。所以，必須讓心中經常充滿建設性的願望。

　　但另一方面，墨菲博士也提到：「宇宙心靈原本是完美而和諧的；成長和發展乃是宇宙的法則。」

　　我們該如何理解墨菲博士所說的這句話呢？原本完美而和諧的「宇宙心靈」，為什麼不會判斷善惡，甚至還創造出不和諧的疾病和環境？

　　這兩種情況，乍看之下，似乎非常矛盾。

　　另外，墨菲博士在別處還說道：「請讓心中經常充滿建設性的願望，否則你會受到『眾生的心靈』之氣氛所感染。『眾生的心靈』洋溢著嫉妒、憎恨等負面的情緒，會到處招引戰爭和恐怖分子。」這「眾生的心靈」究竟指什麼？

　　關於這一點，墨菲博士並沒有說明得很詳細。

然而，距今一千五百多年前，已經有人指出了墨菲博士所述的「宇宙心靈」。而且，墨菲博士在書中所未詳細說明之處，他們都解釋得非常透徹。

他們就是印度大乘佛教「唯識宗」的諸位大師。

唯識宗是在三～四世紀時創始於彌勒，由世親確立體系。其後，由唐朝著名的高僧玄奘赴印度取經傳入中國。

如字面上所述，唯識宗可以一語道破：「一切現象皆是意識（心）的作用。」

所有存在及事物的現象，亦即主觀意識以外，乍見之下，似乎是客觀存在的物質及環境，不過是由心理作用所產生的現象。

這正是墨菲博士在他的著作中反覆強調的道理。東方偉大的修行者在古代即發現同一個真理，真是令人大感訝異。

對照佛教這個觀點，就可以更加了解墨菲博士所提倡的「宇宙心靈」的作用。

五感和表層意識

按照程度來講,「心」事實上有好幾種。視覺、味覺、觸覺、聽覺、嗅覺五種感官的知覺,也是「心」的作用之一。唯識宗稱「心」為「識」,認為「識」有八種。前面六種是浮現在表面的「心」的作用,指的是五感和表層意識。

在唯識宗裡面,分別稱五感(視覺、味覺、觸覺、聽覺、嗅覺)為眼識、舌識、身識、耳識、鼻識,表層意識則單稱為意識。

第七個「心」——末那識與「眾生的心靈」

更進一步,唯識宗也說明了「無意識的心理層面,平常自覺不到的意識」,亦即潛意識的存在。唯識宗稱這第七個「心」為「末那識」。

這個第七識——末那識——是比佛洛伊德所指出的「力比多(性衝動)」還要廣泛的潛意識。這個意識是所有慾望,亦即佛教

所稱的人心「執著」的泉源。

它就是墨菲博士所說的「眾生的心靈」。

第八個「心」——阿賴耶識與「宇宙心靈」

唯識宗的探索者在距今一千五百多年前就發現了比潛意識還要更深的意識——「宇宙心靈」的存在。

此即第八個「心」——阿賴耶識。

阿賴耶識是產生一切現象的根源；我們周遭所發生的事都是來自阿賴耶識。甚至，我們周遭看起來好像是客觀存在的事物，也是阿賴耶識產生出來的。

從這個意義出發，唯識宗主張阿賴耶識是——「宇宙萬有展開的根源，也是萬有發生的種子。」

不用說，這與墨菲博士所提倡的「宇宙的生命力」與「宇宙心靈」是同一個東西。

對「宇宙心靈」發出指示的是你的意識

　　前面已經說過，阿賴耶識是產生一切事物的宇宙根源。可是，「宇宙心靈」會使什麼事情發生呢？這是非常重要的一點。

　　比方說，蓋房子（使事物實際發生）是由木匠和泥瓦匠（阿賴耶識）執行，決定把房子蓋成什麼樣子的設計師則應當另有其人。

　　我想各位都已經了解：決定讓工匠阿賴耶識實現什麼樣的事，那個設計師其實就是我們平常的想法。

　　我們心中所想或實際所進行的事，都是透過末那識影響阿賴耶識。唯識宗稱心中所想或實際所進行的事為「種子」。種子與種植在肥沃土壤上的植物同樣都會成長。藉由種子在阿賴耶識這個「宇宙心靈」中成長，遂決定了我們周遭所發生的事件及境遇。

　　看了這段敘述之後，各位讀者應該已經了解，為什麼心中必須充滿正確、良善和成功的念頭了。阿賴耶識在實現事物時，並不拘於其善惡，它只是實現你心中所想的事。

　　這就是為什麼墨菲博士會一直反覆強調潛意識之性質的原因。墨菲博士說道：「潛意識沒有判斷善惡的能力，它只會忠實地執行

命令。」

　　潛意識擁有唯識宗所謂的「末那識」這個心理層面，亦即墨菲博士所謂的「眾生的心靈」。我們必須時刻注意，使表層意識永遠處於正確的狀態，切莫讓不良的種子影響到阿賴耶識。

潔淨的潛意識和宇宙心靈

　　「阿賴耶識並不會判斷善惡，卻會實現我們所想或所做過的事。」可是，阿賴耶識，亦即「眾生的心靈」，原本到底是什麼樣的狀態？

　　關於這一點，佛教認為——阿賴耶識如果沒有受到末那識所掌控的心理層面「眾生的心靈」所污染，就可以恢復為「宇宙心靈」本來的狀態，呈現出圓滿如鏡的澄明風貌（佛教稱之為「大圓鏡智」）。

　　墨菲博士說過：「『宇宙心靈』的本質是原本完美而和諧的。」指的正是這個事實。

佛陀與墨菲博士

　　屬於佛教一支的唯識宗巧譬善導地闡明了作為「墨菲成功法則」之前提的「宇宙心靈」的作用。可是，唯識宗是佛陀去世約一千多年以後才確立的教理，很難說是佛陀本身的主張。

　　那麼，佛陀本身是如何理解「宇宙心靈」呢？

　　二十世紀典型的西洋思想家墨菲博士與紀元前六世紀的聖人之間，乍見之下，似乎沒有什麼共通之處。但事實上，佛陀和墨菲博士兩人的想法非常相似。說相似還不對，簡直可以說是完全相同。

　　古人說：「放諸四海而皆準，俟之百代而不惑。」真理的存在是不因時空、地理的變易而轉移的。

　　由於墨菲博士是生長在基督教文化影響深厚的美國，所以他的書中經常會引用愛默生的著作及聖經的內容。有時因為這種文化上的差異，讓東方人很難接受墨菲理論。其實基督教的教義和佛教的佛法，還是同樣在「宇宙心靈」的羽翼下豐盈成長的；這就如同白種人、黃種人、黑種人都同樣是「人類」，道理是一樣的！

「蘊含著真理的言辭」

最能傳達佛陀實際說法之面貌的經典是《法句經》。這部經典是佛陀的弟子們憑著記憶，將佛陀生前說法的內容整理歸納而成，總共四百二十三句。

印度的修行者大多富有超強的記憶力。據說，能夠將好幾部經典每一字、每一句都牢記下來的修行者，現在還比比皆是。前面曾提到過讓人產生超強記憶力的「超級學習法」。事實上，墨菲博士本身就是受到印度修行者超人的記憶力所啟發，才開始研究記憶法。所以，這部《法句經》有相當多的部分反映出佛陀生前說法時的真實情態。

《法句經》可以說是「佛教的《論語》」，在容易背誦的簡潔詩句中，蘊含著佛陀教義的深邃意義。《法句經》，巴利語稱為「Dharma Pada」。「Dharma」有「真實」和「法」的意思，「Pada」則意味著「道」和「言辭」。所以，釋譯成現代語，就意謂著──佛陀所說的「蘊含著真理的言辭」。

「想法一定會實現」

墨菲博士的成功理論，其基礎就是「想法一定會實現」這個簡單，但威力強大的真理。潛意識是接通我們的外在世界和「宇宙心靈」的航道，願望則是航道的設計圖。將願望烙在潛意識之中，與按照設計圖建築航道的意思一樣。由於「宇宙心靈」廣大無限的力量流入這條航道，我們內心所描繪的願望就能夠實現。關於這一點，佛陀在《法句經》的開頭，也敘述了完全相同的真理。

心是萬法之本，

心為萬法的統率。

心若想著壞事惡行，

不管是溢於言表，

或表現在行為上，

罪惡和苦惱將自行追來，

猶如車輛駛過，

必留下車轍。

（《法句經》一）

心是萬法之本，

心為萬法的統率。

心若想著善事善行，

不管是溢於言表，

或表現在行為上，

福報和快樂將自行追來，

猶如影子伴隨著身形。

（《法句經》二）

　　這兩段經文主要是在說明：懷著憤怒、怨恨或恐懼等對心理會產生不好之影響的念頭時，就會引起讓自己覺得痛苦的結果。相反地，經常懷著良善的念頭，「幸福就會如影隨形地跟著你。」

　　佛教似乎非常重視「心靈的世界」。

　　就連《華嚴經》也提到「三界唯心」這個著名的語句，意思是說：「所有的世界，不過是由心理產生的。」

　　日本鎌倉時代的高僧道元和尚也說過：「如果願望真正殷切，不管願望是善是惡，都一定會實現。」

　　遠古的佛教與二十世紀的經驗科學「墨菲定律」講述同樣一個

真理，真是令人大感不可思議。或許我們也有必要稍微虛心坦然地聆聽我們祖先所熟悉的佛教教義。

有時實現想法需要一段時間

由於實現想法有時需要一段時間，所以墨菲博士給我們下述的建議：

> 想法一定會實現，但到實現為止，有時需要花點時間。比方說，一方面強烈想要實現願望，另一方面卻又認為憑著自己的實力，想要實現自己的願望，根本是妄自尊大，從而確信實現願望可能需要一段時間。
>
> 當然，我們不應心存狂妄的願望。即使這種心比天高的願望在心中描繪出來，並且遲早還是會實現，由於願望的實現需要一段長時間，所以乍見之下，往往會覺得想法似乎沒有辦法實現。但是，此時正是需要堅信自己的願望，一定可以有實現的時候——曙光乍現之前，正是最黑暗的時刻。

佛陀在《法句經》中，述說著同樣的真理：

> 行善之人暫見禍患，
> 只是其善還未到果報之時；
> 等到善報來臨時，
> 必然享受善德之福報。
> （《法句經》一二〇）

　　這就是佛教所說的「因果報應的法則」，經句中的言詞便說明了原因和結果之間，存在著時間上的間隔。

　　但必須注意的是，烙在潛意識之中的願望遲早會實現。所以，必須擁有良善的思想和行動，這一點還是非常重要。

人可以脫胎換骨

　　墨菲博士指出，過去的想法決定了我們現在的境遇；要改變自己的境遇，就應該使自己「現在」的想法正確。

換句話說，人是可以「脫胎換骨」的。

墨菲博士強調，即使過去殺過人或曾經酒精中毒，「只要改變現在的心境，還是可以獲得幸福。」

有一次，有一位長得非常美麗，魅力十足的婦女前來拜訪墨菲博士。這女子嫁給一個大富翁，生活上毫無不自由之感，還為富翁生下了幾個小孩，過著人人稱羨的生活。

可是，幸福之人有不幸之處。她非常憎恨自己，簡直是恨之骨髓。她的丈夫買來送給她的名貴車子和衣裳，她都覺得自己不配擁有，以致精神已瀕臨崩潰的狀態。

究竟是為什麼，將她逼到這種地步？

原因就出在她婚前所從事的職業。結婚之前，她曾經當過應召女郎。

她一直鑽牛角尖地認為：「我與丈夫不相配！我不配擁有現在這樣的幸福！」

而且，她非常擔心以前的「客人」會突然出現在眼前，揭發她的過去。

墨菲博士問她：

「你現在對你的丈夫誠實和貞潔嗎？」

「那是當然！我自婚後就一直努力將自己奉獻給家庭，做一個對丈夫絕對忠實的好太太，對子女盡責的好母親！我打從心底愛著我的丈夫！」

聽到這番回答，墨菲博士非常輕易地治癒好了這女子的心病。墨菲博士為她做了如下的說明：

「過去的事已經過去了！過去做過的事會帶給現在什麼樣的結果，也是按照你現在的想法而呈現。請你在此瞬間，體認一下和平、協調、喜悅、愛和善意的感覺。你現在是個好女人，過去的你，早就已經死了。重要的是現在，因為你現在是好妻子、好母親！」

墨菲博士還舉出例子，說的是一個非常頑皮小孩的故事：

有一個非常頑皮的小孩，讓他的媽媽傷透腦筋。有一次，他媽媽吩咐他在一個禮拜之內，做各式各樣的工作，免得他又

出去鬧事。

　　這個男孩遵照母親的吩咐，一個禮拜之內都規規矩矩，在家幫忙媽媽做家事。

　　一個禮拜之後，男孩問他媽媽：

　　「媽咪，我這個禮拜是不是很乖？你是不是有一種感覺，好像我一直以來都是個好孩子？」

　　母親被他這麼一問，就靈機一動，回答道：

　　「真的唷！媽媽覺得你一直以來都是個好孩子。」

　　「任何人都能像這個男孩一樣改變自己。」

　　最後，墨菲博士向這女子說道：「你現在的善，就可以抵銷過去的惡了。」

　　墨菲博士這番話可說是「一語驚醒夢中人」，這女子眼睛露出了光輝，覺得全身舒暢起來。她向墨菲博士道謝之後，就興高采烈地回家去了。

　　關於任何人都可以使自己脫胎換骨這一點，《法句經》有如下的敘述：

因為過失，犯下罪惡，

以後能夠一心向善，

就能光輝普照世間，

猶如明月當空，

再無雲翳遮蔽。

（《法句經》一七三）

如果堆積塵垢的話……

前面已經敘述過，使我們「現在」的想法正確是很重要的。另外還有一點也值得重視，那就是必須讓正確的想法、正確的行動成為一種習慣，永遠持續下去：而且「勿以善小而不為。」

關於這一點，墨菲博士有如下的說明：

請想像一滴滴乾淨的水注入裝著污水的水桶內的情景。污水是你過去的習慣，一滴滴乾淨的水就是你「現在」所思所想的良善心象。剛開始，污水看起來非常髒。隨著時間的流逝，

水桶內的水就會澄澈起來。同樣的道理，你也可以脫胎換骨，
完全改變自己。

佛陀則以如下的詞句來表現：

> 不要輕視小善，
> 以為「小善不會致福」！
> 水滴雖然微小，
> 慢慢就會充滿水瓶，
> 善心的人終會充滿福慶。
> （《法句經》一二二）

兩者的差異在於水桶與水瓶之別，以及是否裝有污水。就墨菲
與佛陀所做的說明而言，則完全相同。

「不斷的努力」雖然是一句陳腔爛調的話，卻是不變的真理。

「羯摩法則」有誤嗎？

諸如此類，佛陀和墨菲博士訴說著相同的真理。另外，墨菲博士對東方思的造詣極深。他非常欽佩佛陀，稱他為「有智慧而賢明的導師」。

可是，他卻毫不諱言地指出，佛教等東方世界自古傳襲的「羯摩法則」是「迷信」。

「羯摩（Karma）又譯為「業」。字典對「業」這個字的解釋是：「行為，行動，包含心和言語的作用在內。」佛教和印度的許多宗教主張，善惡的業，根據因果的道理，一定會產生其結果。

依據這種解釋，羯摩法則也可以稱作「因果報應的法則」。

意思就是說：只要念念是善，就會帶來好的結果；如果心懷歹念，就會帶來惡果。

換句話說，就是「人們的想法一定會實現」。前面所舉的《法句經》第一句經文指的就是這個意思。「想法一定會實現」是「墨

菲定律」最根本的前提。所以，關於這一點，墨菲博士應當不會有異議。

還有一個意思是：「因歹念惡行所賒欠的債務，遲早必須償還。」而且，根據「輪迴轉世」的思想，「過去做過壞事，現世尚未償還債務的人，將會輪迴轉世，在來生償還。」

因此，很多相信「因果報應法則」的人遭到不幸時，就會解釋為：「自己現在的遭遇和健康狀況是自己過去的惡行帶來的結果。」從而悲觀地認為：「這是宿命，不可能加以改變。」

墨菲博士之所以會斬釘截鐵地說：「這是不好的迷信，必須斷然捨棄這種想法。」實際上，就是針對這種解釋之下的「因果報應法則」提出了不同的「異見」。

相信讀者已經了解，墨菲博士會認定「因果報應法則」是迷信，那是因為他認為：「世界上沒有固定不變的命運。」

人只要導正思想，就可以讓自己脫胎換骨。重要的是我們「現在」的想法是什麼？

若能使我們「現在」的思想正確，我們就會按照自己的想法度過一生。就如同方才那則「頑皮小孩」的譬喻一樣「好像我一直以來都是個好孩子！」。

《法句經一七三》中，佛陀也明確地指出：「縱使曾經做過壞事的人，只要努力讓身心清淨，就可以脫胎換骨，重新為人。」

正確地理解「因果報應法則」的方法

長年累月染上的習慣稱之為「第二天性」，它會左右我們平常的行為。一般認為，要改變習慣非常困難。你的周遭大概也有一、兩個曾經揚言要戒菸，結果中途遇挫而打消念頭的老菸槍吧！

可是，墨菲博士確信，只要了解「宇宙心靈」的性質，掌握有效利用「宇宙心靈」的技巧，不管任何情況，不需要辛苦努力，也一定可以實現自己的願望。

如果以數學的方式解釋「因果報應（羯摩）法則」，認為必須償還同等數量的債務，都實在是非常可笑。因為「墨菲成功法則」的原則是，若能改正「現在」的我，任何人都可以改變自己。

然而，如果將「宿命」理解為：「思想上也有慣性法則，習慣成自然之後，想要改變習慣，必須付出非常大的努力。這種染上壞習慣的結果，就稱之為——『宿命』。」那情況又會怎麼樣呢？

　　在我們改掉壞習慣之前，隨時會遇到試煉。這看起來宛如是受到過去之「歹念」的報應一般。然而，有一個方法可以打破你長年深信不疑的想法，讓你現在具有正確的心態。那就是——「墨菲成功法則」，也就是心想事成的法則。

　　若能了解這個道理，即可調合佛教的「因果報應法則」與墨菲對「因果報應法則」提出不同意見的看法與解釋。

10

將願望烙在潛意識之中

——「墨菲成功法則」的實踐方法

首先必須擁有「我也做得到」的信念，其次是讓自己先放鬆一切……

〔準備階段〕

墨菲博士說：「任何計劃都不會在偶然的情況下實現；實現你的願望時也一樣。蓋房子必須具備建築技術；同樣的道理，我們也需要擁有控制和運用潛意識的技巧。若能將此技巧應用在現實生活中，你的人生將會有重大的改變。」

「宇宙心靈成功法則」並不是單純的理論，而是讓你的人生變得更豐饒的法則。因此，如果不將它實際用在自己的人生，那就沒什麼意義了。

為了實際運用「宇宙心靈成功法則」，就必須把願望烙入潛意識。那麼，要怎樣才能把願望烙在潛意識之中呢？

「實現願望」只有一座山頂，但到達山頂的道路則不只一條。對某人有益的技巧，不一定就為他人所適用。因為每一個人的個性和價值觀並不相同。完全相同的人，在這世上根本不存在。同樣地，實現願望的技巧也要符合使用者的個性才行。

可是，任何一種技巧都有共通且必要的準備階段。那就是必須擁有「我也做得到」的信念，並讓自己放鬆一切。

〔準備階段之一〕
——必須擁有「我也做得到」的強烈信念

作為將願望烙在潛意識裡的前提，就是絕對需要擁有「我也做得到」的強烈信念。

「想法一定會實現」這個信念是「墨菲成功法則」的基礎。所有事情都是按照信念來實現，成功或失敗，端賴信念的強弱而定。

你擁有超乎你所能想像的優異腦力，不管是知覺能力或記憶力，都已經獲得了科學的證明。另外，你的潛意識就像一座完整的控制塔，可以完全運用你優異的潛在腦力，比現存的任何一部電腦都更為優秀。

為了讓自己能夠相信潛在腦力無限的可能性，最重要的是親自去實際感受「墨菲成功法則」。另一方面，不斷接觸增加這種信念的書籍或錄音帶也非常重要。從這層意義上來講，建議各位不妨將本書反覆多閱讀幾遍，好處一定會產生出來。

本書以更客觀，更具有科學事實根據，而且用淺顯易懂的方式解說「潛意識不可思議的力量」。希望你能透過本書，用心體會暗示的力量、人類的知覺能力和有關「宇宙心靈」的觀念。

〔準備階段之二〕
──讓自己完全放鬆

　　為了將願望烙在潛意識之中，必須使表層意識的活動程度降低，讓潛意識佔優勢。因此，不管在什麼情況之下，重要的是──讓自己完全放鬆。

　　讓自己身心完全放鬆的方法也有好幾種，但最基本的是「姿勢」和「呼吸法」。

　　比方說，墨菲博士曾經指出的打坐、瑜伽和其他冥想法。

使自己放鬆的姿勢

　　現在以「打坐」為例。在美國，對「禪」的推廣貢獻卓著的鈴木大師於其著作《禪心、初學者的心》中，提到下面這段話。

　　　「打坐」不是在於方便獲得正確的內心狀態，而是在於使「打坐」這件事「本身」進入正確的心理狀態。

　　這句話的意思是說：「很多人認為，『打坐』的姿勢是為了獲得『深邃的冥想狀態』或『開悟』等特殊的心理狀態之準備或方法。但這是一種誤解。『打坐』的目的在於求得正確的姿勢，使『打坐』這件事進入正確的心理狀態。除此之外，『打坐』並無其他的目的。」由此可見「姿勢」的重要性。

　　一提到「打坐」的「姿勢」，首先浮現我們腦海的是──右腳和左腳交叉（稱為「結跏趺坐」）。但坐重要的是，脊梁必須打直。從天花板上看下來，耳朵和肩膀呈一直線。身體絕不能向前彎或向後仰。在頭頂朝向天花板的狀態下，最好是想像「自己的身體如同從大地冒出，直挺挺向上生長。」

讓自己放鬆的呼吸法

　　採取正確的姿勢打坐時，應該將精神集中在什麼地方呢？鈴木大師認為：「打坐時，經常意識到呼吸。」他進一步指出：

　　吸氣時，空氣就會流入內在的世界；吐氣時，空氣就會流

出於外在世界。內在世界是無限的，而外在世界也是無限的。
現在姑且稱之為「內在世界」和「外在世界」，但實際上只有
一個世界存在而已。

這個「唯一的世界」可以視為各人的佛性或對「宇宙心靈」的
認知。這樣看來，打坐可以說是為了捨棄「我」，與「宇宙心靈」
合而為一。

以呼吸為關鍵的氣功，效用也相同。比方說，東洋西野派呼吸
法中，有一種稱為「足心呼吸」，以使用全身，優閒自適的呼吸法
為其基本構成因素。

這就是「墨菲派」放鬆法

接著，就來介紹墨菲博士所建議的「讓自己放鬆」的方法。

首先是「姿勢」。不要給身體施加多餘的力氣。接著，盡可能
讓胸部、頸部和頭部的位置呈一直線。不必像打坐那樣，採取結跏
趺坐的姿勢，可以仰臥在安樂椅上，也可以躺在床上或被褥上。習

慣之後，在通勤途中也可以做，安閒地靠在電車內的椅子上，或足以讓自己放鬆。不過，剛開始最好找不會受到他人妨礙的安靜場所。做的時候，將眼睛閉上，領會一下其中的奧妙。

　　墨菲博士建議我們，應該讓身心充分放鬆，進入似睡非睡的狀態。正如在「腦波」那一節中說明的一樣，此時正是潛意識開始活躍，呈現「覺醒 θ 波狀態」的時候。

　　「冥想」最好是在每天固定的時間內做。飽腹時不太適宜，肚子餓得受不了時也不可以進行。最適當的時間是早上起床後或就寢前。尤其是睡前，若能讓身心放鬆，對患有失眠症的朋友，其治療效果也非常不錯。

　　墨菲博士指出，可以躺在床上，用自我暗示的方式讓自己放鬆，在心中對著自己的身體如此說道：

　　　　腳趾已經放鬆了；腳踝已經放鬆了；腹部肌肉已經放鬆了；心臟和肺部已經放鬆了；手和手臂已經放鬆了；頭部已經放鬆了；臉部已經放鬆了；眼睛已經放鬆了——我的身體和內心全都放鬆了。

這樣一來，全身真的就會逐漸放鬆。在心情逐漸放鬆之際，就
進入下一個步驟。

此時，可按照下列所述，進行呼吸。

1・在心中緩緩地數「1、2、3、4、5、6」，同時用鼻子慢慢
　吸氣。
2・吸完氣之後止息，在心中從 1 數到 3。
3・在心中緩緩地從 1 數到 6，同時用鼻子慢慢吐氣。
4・將氣充分吐出之後，止息，緩緩在心中從 1 數到 3。
5・反覆從第 1 項做到第 4 項，直到充分放鬆為止。

墨菲博士說：「如果學會這種呼吸法，就可以解除所有的緊
張，讓自己完全放鬆。」反覆練習幾遍之後，即使心中不再勉強數
數，也能夠自然地進行呼吸。這樣一來，你就已經做好將願望烙在
潛意識中的準備了。

更加嫻熟以後，就可以隨時隨地進行這種呼吸法；連走路時也
可以實行這種技巧。

在心中從 1 數到 6，是個大致的標準。覺得快要窒息了，就不

必勉強自己，可以從 1、2、3、4 做起，緩緩地數數。讀者不妨多試幾遍，找出最適合自己的呼吸間隔。

讓願望實現的技巧

透過上述的準備作業，腦波就會從 β 波轉向 α 波，然後再轉為 θ 波的狀態。在這種狀態之下，就可以將願望烙在潛意識之中。

墨菲博士介紹過幾個將願望烙入潛意識的實際技巧，甚至也說明了願望烙入潛意識時的心理狀態。

接下來，我們來看看使願望實現的幾個實踐技巧。

1．影像化技巧

在腦海裡浮現出願望已經實現的景象就是所謂的「影像化技巧」。這是墨菲博士所提的實現願望之技巧中最為基本的一種。

比方說你想出售自己的房子。此時，可以想像將房子賣掉，正在簽契約時的情景。這樣一來，心中的這個圖像就會化為事實。

為什麼會發生這種情況呢？因為烙在潛意識裡的心理圖像是在

三度空間中引發事件的設計圖。因此，生動鮮明地描繪出心理圖像，就可以讓願望實現。

　　前面曾經敘述過：「『宇宙心靈』是創造萬有之源，超越時空的三度空間之限制。」而我們可以透過潛意識，與「宇宙心靈」相通。「影像化技巧」就是透過潛意識，將種子植根於「宇宙心靈」，在適當導期內就會在這個三度空間中開花結果。

　　墨菲博士在售自己的房子時，也運用了這個「影像化技巧」。他想像自己將豎立在門前，上面寫著「吉屋出售」的牌子拔起來，說道：「已經不需要用這個牌子了！」甚至連牌子拋在地上，發出「叩」的一聲，也似乎聽得到。就這樣馬上就有人來買房子。當然，正如想像中那樣，墨菲博士將牌子拔起來，拋在地上。

　　這種「影像化技巧」應用在運動方面，就是「精神訓練」的技巧。在身心放鬆的狀態下，想像自己成功的情景，就可獲得絕佳的效果。

　　「影像化技巧」可以分為兩種。一種是在腦海中浮現出像照片那樣的情景。這種方式稱為「造影術圖像化」。另一種則是在腦海中浮現出像錄影帶或電影的情節般，有動作和聲音呈現的方式，稱之為「心理電影」。比較有效果的是「心理電影」。各位讀者可以

參考下述內容，製作屬於自己的「心理電影」。

——從生病的狀態中恢復健康

反覆想像自己所疼愛的小孩高興地對自己說：「爸爸，好極了！你的病好了，我真的好高興哦！」直到似乎可以聽到孩子的聲音為止。

想像醫生祝福著自己：「你病情恢復得狀況真是順利，宛如奇蹟一般。恭喜——恭喜——」

——使孩子的成績進步

想像孩子的導稱讚你的小孩說：「A 同學最近的成績進步很多，全校的師生都覺得非常驚訝！到底是怎麼一回事呢？」

——提高銷售業績

想像營業主任讚美你說：「你銷售成績這麼好，我也替你高興！你確實是個能力卓越，不可多得的人才！」

2・光的冥想法

　　即使在無意識或是潛意識的狀態中，也包含了從更高級的「宇宙心靈」到「眾生的心靈」之間的各個階段。進行冥想時，將焦點置於更高級的「宇宙心靈」之上是非常重要的因素。

　　乍見之下，冥想中什麼事都不想，進入「萬念皆空」的境界似乎最為理想。可是，這樣做非常危險。因為潛意識也有各種層次，如果頻率與層次較低的「眾生的心靈」相合，很可能招致災難。

　　那麼，要怎樣才能與更高級的「宇宙心靈」之焦點契合呢？有一個非常簡單的技巧——冥想「宇宙心靈」這個高波的清淨之光像淋浴般灑在自己身上。

　　這種光線會讓你產生安樂的感覺，將附著在你身上的所有負面、陰鬱的想法洗刷乾淨。這樣一來，就可以提高自己內心的振幅。持續進行下去，有時真的可以見到光彩奪目的光芒。

　　另外，不妨想像一下「無限的智慧」、「宇宙的能量」藉由光芒穿透全身。這樣就可以使用後面第（3）項中所述的冥想法（與「宇宙心靈」之作用有關的冥想）。總之，只要想像象徵大圓鏡智的「宇宙心靈」即可。

　　此時可以一邊吸氣，一邊想像著這些無限的能量穿透自己的情

景。吐氣時，則同時觀想能量在自己體內膨脹的情狀。

　　下面所舉的例子是印度的某位聖人教一個酒精中毒，又有毒癮纏身的男子所用的「冥想法」。

　　　一天兩次，每次三十分鐘，全身放鬆，在冥想中確信：「神的愛貫穿我的整個身體和心靈，清洗我的身體和心靈，治癒我的毒癮。」

　　這男子擁有一個信念：藉由此冥想法，可以接納「內在的神」。其結果如何呢？

　　幾個禮拜以後，有一天晚上，他像往常一樣進行冥想時，他的房間、全身突然洋溢著光彩奪目的光芒。那道光芒讓他短暫之間覺得頭昏眼花，沐於無上的幸福之中。

　　於是，過去像個廢人般的他，一下子脫胎換骨。聽說他目前擔任聖職。墨菲博士敘述道：「他體驗到古代神祕家所留傳下來的『永恆即剎那』的感覺。」

3・與「宇宙心靈」之作用有關的冥想

有一句話：「人者，見塵成塵，見神成神！」

所謂「見神」，意謂著在理性之光的本源照耀之下，仔細思考有關自己的潛在腦力和「宇宙心靈」的絕妙之處。這樣就可以提高自己的波長，與「宇宙心靈」合而為一。

所謂「宇宙心靈」，就是清澄如鏡，綺麗至極的狀態，具有超越時空、無所不能的萬能力量。當這股力量透過我們的肉體表現出來，就是愛、真實、美和健康。

為了實行這種冥想法，也可以使用「曼陀羅」（真言，祈禱文）。所謂「曼陀羅」，是進行想時，反覆唸誦的辭句。這是將「宇宙心靈」無上的作用予以凝縮而成的辭句。「宇宙的心靈，無限的智慧」這種曼陀羅，就是其中的一個例子。另外，經文也可以視為是一種「曼陀羅」。

墨菲博士也建議我們透過潛意識，以「祈禱」作為有效利用「宇宙心靈」，輸入願望之能量的方法。

墨菲博士所建議的「祈禱」，到底指的是什麼呢？

那就是將我們「真摯的願望」向潛意識訴說。

我們的「實體」乃至「真我」，全部潛藏著無限的可能性。意

圖透過我們的肉體，將此可能性化為事實的生命衝動，就是我們心底的「願望」。

「祈禱」亦即將「願望」的內容，向潛意識訴說的動作，在冥想中也可以進行。若能藉由冥想，成功地將祈禱文烙入「潛意識」，祈禱文所含蘊的願望也必能藉由「宇宙心靈」無限的生命力，化為現實。

墨菲博士在他的著作中留下許多可稱之為「墨菲派曼陀羅」的祈禱文。仔細分析墨菲博士的祈禱內容，就可以發現他所談到的不只是有關「宇宙心靈」的冥想，也包括了後面所要敘述的「感謝法」和「肯定法」。在墨菲博士的原著中，到處散見著「墨菲派曼陀羅」，讀者若有興趣，不仿加以參照——

　　我的內心潛藏著無限的可能性；位於我內心深處的「宇宙心靈」沒有什麼事做不到。這是絕對的真理。

　　「宇宙心靈」可以將黑暗轉變為光輝，也可以導正歪曲。當我冥想這個真理時，從內心深處就會湧現出勇氣，而能感覺到全身瀰漫著力量。

　　我感覺到「內在無限生命力」的波動；我的疾病正在不斷

痊癒之中。

　　如果能夠在心中描繪出自己健康的圖像，舉止動作宛如確實很健康，就真的可以恢復健康。這是絕對的真理。

　　我現在也正在描繪出自己完全健康的圖像，感覺到有所反應，心情變得很愉快、很平和。

　　我真的非常幸福，覺得很慶幸、很高興。

　　臨睡前，放鬆身心，在心中唸誦這段祈禱文，「心想事成」對治療疾病非常有效。

　　各位也可以撰寫讓自己比較容易唸誦，容易進入想狀態的文章，寫在紙上。接著，反覆唸誦紙上的內容，將祈禱文牢記在心。這樣一來，在身體放鬆時，心中自然就會浮現出這段自己撰寫的祈禱文。

　　此時，最重要的一點就是必須充滿感情，生動鮮明地想像願望實現的情景。「想像」與「創造」相通。祈禱時，你必須對「宇宙心靈」的威力感到訝異和讚歎，並實際感受想像成真的情況。

　　另外，也可以將祈禱文中的部分句子，當作是冥想時所用的曼陀羅來唸誦。

例如，光是反覆唸誦「無限的生命力」或「我真的非常幸福」，也可以讓你的心情平靜，很快進入深沉的冥想狀態。這種冥想狀態是非常高的境界。冥想與「宇宙心靈」的性質相一致的曼陀羅，可以讓自己心靈被「宇宙心靈」所同化，提高心靈的波長。

4・感謝生活的一切

「影像化技巧」可以讓你很快地實現願望；同樣地，「感謝」也可以使你迅速地獲得願望的成果。

更具體地說，就是在冥想中懷著願望實現時的喜稅和感謝的心情。這樣一來，就會真的高興得不得了，在現實生活中促發出讓你覺得感謝的事來。

在我們的日常生活中，經常可以看到感謝的心情使願望實現的情況。比方說，假設你是個女孩子，如果媽媽告訴你：「我買了你以前就看中意的那件洋裝，給你當生日禮物。」你會有什麼樣的感想？此時，雖然你還沒有拿到那件洋裝，僅是媽媽口頭上答應你而已，但是你一定會覺得非常高興，向媽媽說：「謝謝！」

我們不妨思考一下「宇宙心靈」超越時空限制的作用，和其嚴密的法則性。這樣就可以了解，媽媽既然答應買洋裝給自己，就會

確實按照自己的想法做到。

在做這種「感謝」的冥想時，通常需要在心中描繪出願望實現時說出謝意的情景。

比方說：「我考上大學，實在太高興了！謝謝。」

不過，沒有什麼願望時，也可以冥想充滿愉快、感謝的心理狀態。若能如此，你將會遇到令你意想不到的好事，讓你大吃一驚。

5．自我肯定法

在心中自我宣告「願望已經達成」的願望實現冥想法，稱為「自我肯定法」。這種方法是以肯定句的方式，向潛意識宣告願望「已經實現」，將願望烙在潛意識之中。

在「自我肯定法」中，可將願望的內容壓縮為短句，反覆在心中唸誦。例如：

——我很幸福。

——我是富翁。

——我很健康。

——我會戰勝一切。

　　——我是天才。

　　——我是成功人士。

　　自己確信願望可以實現時，「自我肯定法」可以帶來非常大的效果。因為「自我肯定法」會非常明確而具體地表現出自己願望的內容。

　　潛意識裡的願望就像設計圖。願望的內容越是明確而具體，就表示設計圖越明確、越具體。如果有這種具體的設計圖，潛意識就可以依據設計圖，比較容易進行使願望達成的作業（換句話說，就是「使願望實現」）。從這個意義上來講，「自我肯定法」可以說是使願望實現的最有效的冥想法。

　　不過，在使用「自我肯定法」時，有一個重要的先決條件，那就是：「本人在實現願望上具有不可動搖的信念。」

　　問題是，若不曾擁有信念，在進行自我暗示時，就無法消除「自己在撒謊」這種情緒。不管有意、無意，對願望的實現深感不安時，墨菲博士警告說：「這種方法有時反而會帶來反效果。」

　　比方說，在心中反覆唸誦「我是富翁」的人，現在實際上連一點積蓄都沒有。這種人如果覺醒到「宇宙心靈」和潛意識不可思議

的力量，就完全不會有這種問題。因為這種人會如同他所相信的那樣，成為真正的富翁。

可是，如果這種人一方面宣稱：「我是富翁。」一方面又認為：「自己現在實在是沒有錢！」情況會怎麼樣呢？此時，就算形式上唸誦「我是富翁」這種肯定句。也騙不了潛意識。毋寧說，反而會讓不安或匱乏的念頭——烙在潛意識裡。

墨菲博士指出，在這種情況下，「就用現在進行式。」

比如，用「我現在正在成為富翁」這句話代替「我是富翁」，其產生的效果便有天壤之別。使用現在進行式，就不會覺得自己是在欺騙自己，可以消除心理上的障礙。

事實上，墨菲博士在進行肯定法的祈禱時，大多以現在進行式表現。在前面所介紹的「治療疾病的原理」中，墨菲博士也是使用現在進行式：「我的疾病正在不斷痊癒中。」

為了避免「斷言法」的缺點，還有一種「輸入富有建設性的單字」的方法，讀者也可以試試看。

6‧輸入富有建設性的詞語

字彙中具有創造性的力量。邪惡的字彙會讓沒有抵抗力的人產

生邪惡的念頭，乃至於引發惡行。相反地，富於建設性的字彙可以提高心靈的震動，實現字彙的內容。

在「輸入富於建設性的詞彙」法中，使用的都是富於建設性的字句。富於建設性的詞句種類繁多，難以計數，比如──

「成功」、「幸福」、「寬裕」、「生命」、「向上」、
「及格」、「健康」、「供給」、「睿智」、「圓滿」、
「勝利」、「自由」、「財富」、「友情」、「真誠」、
「快樂」、「自信」、「勇氣」、「完美」、「充實」、
「健康」、「喜悅」、「調合」、「愛」等等。

在似睡非睡的狀態下，可以讓這些詞句像搖籃曲那樣，反覆地浮現在腦際。

墨菲博士指出，如果能將「平安」這個詞，重複唸誦十五分鐘到二十分鐘，就可以使內心得到平安、穩定與清靜。

這種方法的優點是，不會產生「我在自欺欺人」的混亂情緒。腦中浮現出富於建設性的詞句時，就完全不會產生「肯定法」那一項中所敘述的缺點。

7・將願望寫在紙上

　　到目前為止，談的都是用冥想實現願望的方法。在這裡另外介紹一種性質不同的實現願望之技巧，那就是把願望實際寫在紙上。

　　墨菲博士指出，這種技巧具有非常驚人的效果。他說，每個人都可以把自己的願望寫在紙上，貼在自己經常看得到的地方，如天花板或門板上、書桌前的牆壁。這樣一來，就可以不斷地想起願望，將願望烙刻在自己的潛意識之中。

　　墨菲博士建議我們：把願望寫在小卡片上（如名片大小）放在皮夾子，這樣就可以隨時拿出來看。

　　但他也警告我們：一般說來，自己的願望若是讓別人得知，通常都不會有好結果。

　　因為，這種事會遭到別人的嘲笑或批評。

　　假設你暗中打算辭職，但不小心被同事知道了，大多會遭到有形或無形的阻礙。

　　那些想制止你的「親切」的同事可能會說：「你確實為你的家人考慮過了嗎？你兒子明年不是要參加聯考嗎？那是非常重要的關鍵時刻啊！現在要跳槽或轉業都不容易，你的任性可能會犧牲掉家人唷！」或是「你打算辭職，捨棄安定的生活，簡直是瘋了！」

　　如果你不在乎別人批評，那就沒關係。遺憾的是，意志堅定的人實在不多，人都會讓身邊的人所左右的。

　　因此，墨菲博士說道：「寫著自己願望的紙，絕不可以讓別人看到。」為的是要讓人更專注。

　　在墨菲博士所建議的方法中，有一種更有效又有趣的方法，那就是：把自己想要實現的願望寫在紙上，然後將那張紙收藏起來。

　　比方說，在小卡片或便條紙上寫下自己想要實現的願望：「明年要再度到國外旅行！」、「三年內要寫一本書。」、「擁有一間自己的音響室！」然後夾在一本書中收藏起來。經過一段時間之後，再把紙拿出來看。例如在每年新年時，將願望寫在紙上，第二年新年時再拿出來看。

　　這樣一來，令人覺得驚訝的是，幾乎所有的願望都可以實現。雖然自己已經忘了寫些什麼？但不可思議的是，願望都能夠絲毫不差的一一實現。

　　由律師轉型為著名的社會教育家的傑克・亞登頓也建議大家應用同樣的技巧。這個技巧是把想要實現的願望寫在筆記本的左頁，右頁的同一行則寫下願望實現的日期。

　　據亞登頓指出，大企業家喬治・米蘭一輩子曾在祈禱簿上寫了

兩萬七千條的願望，悉數實現。

8・從潛導識獲得答案

當你為某個問題所苦惱，希望獲得潛意識的引導，你就可以從潛意識獲得答案。

具體來講，你可以向潛意識說：「我內在無限的智慧知道有關這個問題的答案，它會以適當的形式向我指示答案。」

墨菲博士提到，最好是在晚上就寢前，要求潛意識給你指示。在即將入睡前，潛意識會以做夢或突然的靈感提示你答案。這在「預測未來的夢」那一項中已做了說明。

烙刻願望的試金石

各位已經看過上述幾個實現願望的技巧，不知道有沒有什麼感想？或許你會覺得很訝異，實現願望的方法竟然有那麼多種。但原理只有一個，就是運用潛意識和「宇宙心靈」的無限力量。

方法論的不同，可以用下述的例子來比喻。

　　假設我們在進行胡蘿蔔的人工培養，從胡蘿蔔的葉子、根部、莖部中的任何一處取出細胞的殘渣，在培養液中進行培養。如果環境適宜，細胞就會開始分裂，最後就會長出完整的胡蘿蔔。

　　這裡的培養液可以比喻為「宇宙心靈」，葉子、根部、莖部的細胞殘渣則是尚未實現的願望。完整的胡蘿蔔指的就是，在三度空間中具體化的願望。

　　從願望實現的觀點來看，藉由肯定法、感謝法或影響化技巧烙在潛意識的願望都不過是部分的殘渣罷了。可是，不論殘渣多小，在殘渣中都包含了一張使願望具體化的設計圖。「願望」這個細胞殘渣，透過潛意識，放入「宇宙心靈」的培養液之內，細胞就在裡面開始進行分裂，最後就長成「願望現實化」這個完整的胡蘿蔔。

　　我們要怎樣判斷願望是否已經烙在潛意識之中呢？如果願望順利實現，就可以斷定願望已經成功地烙入潛意識。可是，最麻煩的不是願望開始實現之後，而是願望實現前，我們還不曉得願望是否已經烙在潛意識之中。

　　因此，我們不妨思考一下，為了實現願望而進行墨菲派的冥想法，經過了一陣子之後，願望卻沒有實現的情況。或許只因為到願望實現為止，需要花時間。實現願望確實需要花費相當程度的時

間。不過，也或許冥想法本身就有錯誤。在這種情況下，就必須再次仔細閱讀本書，實行正確的冥想法。

　　但是，不必太過擔心。當願望烙入潛意識時，自己也能明顯地察覺到。因為你會有如同以下所述的那種清晰的感覺。

　　墨菲博士指出，當願望烙在潛意識裡時，「會突然覺得一切都可被接受，願望已經達成，從而萌生一股心平氣和的感覺。而且，你已經不想去思考曾經十分困擾自己的問題了。」可以說，你已經達到心理上的飽和狀態。

　　另外，在冥想中，有時也會湧現出非常愉悅的感覺。即使閉上眼睛，也會感到非常明亮（你可以馬上實驗一下！）──這種狀況也是你的願望已經銘刻在潛意識之中的信號。

　　有了這些徵兆，你就可以放心了，以後的問題就交由潛意識來完成它吧！最後，衷心盼望你一遍又一遍，多讀幾次本書的內容，如此保證你會有意想不到的收穫……

〈全書終〉

國家圖書館出版品預行編目資料

宇宙心靈成功法則，約瑟夫・墨菲 著 -- 初版 -- 新北
市：新視野 New Vision, 2018.10
　　冊；　公分 --（實用經典 03）
　　ISBN 978-986-96269-7-2（平裝）
1.潛意識 2.成功法

176.9　　　　　　　　　　　　　　　107013020

實用經典 03

宇宙心靈成功法則

作　　　者　約瑟夫・墨菲
出　　　版　新視野 New Vision
製　　　作　新潮社文化事業有限公司
　　　　　　電話 02-8666-5711
　　　　　　傳真 02-8666-5833
　　　　　　E-mail：service@xcsbook.com.tw
印前作業　東豪印刷事業有限公司
印刷作業　福霖印刷有限公司

總 經 銷　聯合發行股份有限公司
　　　　　　新北市新店區寶橋路 235 巷 6 弄 6 號 2F
　　　　　　電話 02-2917-8022
　　　　　　傳真 02-2915-6275

初　　　版　2018 年 10 月